KB080370

집단의 힘

집단의

The Power ——————— of the Collective

조직심리학이 밝혀낸
현명한 선택과 협력을 이끄는 핵심 도구

박귀현 지음

심심

추천의 말

《집단의 힘》에는 현대를 살아가는 우리에게 꼭 필요한, 집단에 대한 깊이 있고 실용적인 지식이 가득 담겨 있다. 저자는 의사결정, 창의성, 동기, 감정, 협동, 갈등과 같이 집단과 관련된 연구 분야에 정통한 학자이자 세계적으로 저명한 연구자다. 이 책에서 저자는 집단으로 일할 때 나타나는 많은 현상들을 유명인들의 일화와 일상 사례를 들어 솜씨 있게 풀어내면서도, 그간 연구를 통해 얻어낸 경험과 통찰을 토대로 인간 집단이 가진 여러 문제점을 해결할 현실적인 방안들을 제시한다. 집단 심리에 관한 매우 구체적이고 실용적인 내용을 담고 있는 이 책은 심리학에 관심 있는 독자뿐 아니라 더 나은 삶을 위한 교양을 다른 이들과 나누고 싶은 수많은 사람에게 커다란 도움이 될 것이다. 개인적 차원의 집단과 팀에 관한 지식을 멋지게 하나로 통합한 이 책은 효과적이고 창의적이며 서로 협력하는, 현명한 팀을 꾸려가고자 하는 리더들의 필독서다.

벌린 힌즈 Verlin Hinsz 사회심리학자, 노스다코타주립대학교 심리학과 교수

평소 나는 집단심리학을 향한 박귀현 교수의 깊은 애정에 감명을 받아왔다. 이 책은 집단 속에서 인간이 갖는 심리에 대한 저자의 탁월한 분석과

따뜻한 정서, 집단과 집단 안에서 살아가는 인간에 대한 저자의 깊은 사랑이 빛나는 책이다. 《집단의 힘》이 특별한 점은 집단심리학의 방대한 연구결과와 저자의 경험이 자연스럽게 어우러져 흥미진진하게 전개된다는 점이다. 과학적 지성과 경험적 정서 사이를 종횡무진하면서도 균형을 잃지 않고 논지를 끝까지 이끌어간다는 점이 놀랍다. 이 책은 집단을 이해하는 데 도움을 줄 뿐만 아니라, 집단에서 어떻게 행동해야 하는지, 집단의 힘을 어떻게 이용할 수 있는지에 관한 해결책도 제시한다.
우리는 매일 집단 속에서 사람들과 상호작용하며 살아간다. 개인의 일상과 집단은 분리하기 어렵다. 쏟아지는 정보 속에서 무엇이 현명한 의사결정인지 분별하기 어려운 인공지능 시대, 그 어느 때보다도 공감·소통·협업 능력이 리더와 의사결정자의 핵심 역량이 되고 있다. 집단을 깊이 있게 이해하고 싶어 하는 독자와 집단에서 영향력을 발휘하고, 최상의 팀워크를 위한 리더십 노하우를 찾는 독자 모두에게 이 책을 추천한다.

이수진 KAIST 경영대학 기술경영학부 교수

지난 20년간 영향력 있는 집단 심리 연구를 수행해온 조직심리학자 박귀현 교수가 심리학에 관심 있는 독자들을 위해 쓴 역작. 집단심리학의 실증 연구를 알기 쉽게 풀어썼을 뿐 아니라 그 연구 결과가 우리 일상 속 여러 현상 또는 주요한 역사적 사건들과 어떻게 관련되는지를 흥미롭게 펼쳐내, 읽다 보면 시간 가는 줄 모르고 빠져 든다.
또한 이 책은 나 또는 내 주변 사람들의 행동, 그리고 사회현상을 거시적 관점으로 볼 수 있도록 깊고 새로운 통찰을 준다. 집단의 힘은 강하고 집요해서 때로는 반동과 회귀의 동력이 되기도 하지만, 바로 그 힘 때문에 우리 사회를 건강하게 만들 수도 있다는 저자의 낙관적 기질이 스며들어 있다. 인간을 통해 사회를, 사회를 통해 인간을 이해하고 싶은 사람들은 반드시 읽어야 할 책이다.

이기범 캐나다 캘거리대학교 심리학과 교수, 《H 팩터의 심리학》 공저자

집단도 개인처럼 느끼고 기억한다니! 다수의 의견에 묻어가기도 하고 남의 눈치 보느라 의견을 말하지 못할 때도 있으며 인정받으면 좋고 소외되면 상처받는 다양한 개인의 심리를 집단 심리의 관점으로 명쾌하게 풀어

낸다. 또한 누구나 아는 것 같지만 막상 잘 모르는 조직의 심리를 콕콕 짚어준다. 집단의 힘을 이해하는 것이 거꾸로 집단 내에서 개인이 하는 사고와 행동의 길잡이가 된다는 게 놀라웠다. 수많은 개인이 모여 집단 지성을 이끌어내는 힘은 치열한 경쟁이 아닌 인류가 수만 년간 다듬어 온 마법과 같은 팀워크라는 메시지가 양극화의 시대에 더욱 신선하고 따뜻하다.

진주현 법의인류학자, 미 국방부 전쟁포로 및 실종자 확인국,
《뼈가 들려준 이야기》 저자

《집단의 힘》은 저자가 수년에 걸쳐 수행한 다양한 심리학 실험 결과와 20여 년간 미국, 싱가포르, 호주를 오가며 했던 경험들을 녹여내 자칫 지루하기 쉬운 학술적인 내용들도 누구나 이해하기 쉽게 풀어냈다. 저자는 집단과 다수가 가진 힘을 소개하면서, 집단이 저지를 수 있는 오류를 극복하려면 소수가 더욱 자유롭게 의견을 표명하고 다양성이 존중되는, 안전한 공간을 만들어야 한다고 말한다.
특히 집단 혐오로 얼룩진 한국사회에 경종을 울리면서도 심리학자 특유의 고뇌와 위트를 살려 집단이 협력하기 위한 실질적인 해결책을 제안한

다. 이는 집단과 분리되어 살아갈 수 없는 직장인, 다양한 규모의 집단을 이끌어야 하는 정치·경제·사회 분야의 지도자에게 매우 유용하다. 다문화사회를 살고 있는 우리에게 집단 선입견을 버리려면 합리적으로 토론하고 냉철하게 생각하는 연습을 해야 한다는 저자의 제안에 깊이 동감한다. 가정과 학교, 직장에서 겪는 집단 심리를 이해하고 싶은 일반인, 심리학을 전공하는 대학(원)생, 현재 조직의 리더뿐 아니라 현명하고 합리적인 미래의 리더를 꿈꾸는 MZ세대 모두에게 권한다.

송지영 호주 멜버른대학교 한국학과 부교수

《집단의 힘》은 집단 안에서 다수와 소수의 영향력, 따돌림, 선입견, 차별, 갈등과 같은 집단 안 또는 집단 간 흔히 일어나는 문제들을 풍부한 사례와 심리학의 최신 연구 결과를 결합해 효과적으로 설명한 책이다. 집단에서 일어나는 현상들을 깊이 있게 통찰하면서도 이론과 사례를 재미있게 풀어낸 저자의 필력에 존경과 찬사를 보낸다. 왕따 문제로 고민하는 청소년, 팀 프로젝트에서 좋은 성과를 내고 싶은 학생부터 팀의 협업 능력을 키우기 위해 노력하는 실무자, 매 순간 합리적인 의사결정을 내리기 위해 귀 기울이는 조직의 리더, 그리고 지지 세력 결집을 통해 선거에서 승리하고자 하는 정치인을 포함한 다양한 독자들에게 이 책이 슬기로운 집단 생활 지침서가 되리라 믿는다.

신유형 한양대학교 경영학부 교수

머리말

나는 호주국립대학교 경영학과에서 조직행동학을 가르치고 있다. 미래의 정치인을 꿈꾸는 학생, 국제기구에서 일하고 싶어 하는 학생, 창업을 하겠다는 학생, 구글이나 페이스북 같은 대기업 취직이 목표인 학생 등 다양한 분야로 진출하고자 하는 학생들이 함께 수업을 듣는다. 관심 분야와 진로는 각자 다 다르지만 수업 시간 첫날 꼭 하는 질문이 있다.

"점점 더 개인화되는 시대에 집단 심리를 아는 것이 내 삶에 어떤 도움이 되나요?"

"개인 심리나 집단 심리나 똑같은 것 아닌가요?"

나는 이러한 질문을 들을 때마다 대학교 2학년, 처음 조직심리학 수업을 들은 날을 떠올린다. 그때도 한 학생이 "심리학 이론이 실생활에 무슨 쓸모가 있나요?"라는 질문을 던졌다. 그러자 교수님은 "실생활에 적용되지 못하는 심리학 이론은 제대로 된 이론이 아니다"라며, 인간의 심리를 아는 것이 어떻게 경영, 마케팅, 의료,

교육, 사회복지, 정치 등 다양한 분야의 일들을 더욱 효과적으로 해낼 수 있는지 이야기해 주었다.

그 수업을 듣고 나는 심리학의 매력에 푹 빠졌고, 이후 집단심리학을 공부하게 되었다. 개인이 생각하는 과정은 눈에 보이지 않지만 집단 안에서 서로 토론하고 의사결정하는 과정은 눈에 보인다는 점도 집단심리학을 깊이 파고들게 된 결정적 계기였다. 화가가 자신의 눈에 비친 세상을 그림에 담아내듯이, 나는 세상을 '집단심리학'이라는 안경을 쓰고 들여다보게 되었다.

집단심리학은 집단의 정신 과정과 행동에 관한 학문이다. 작게는 집단이 개인 심리에 주는 영향부터 크게는 국가·민족 간 갈등까지, 집단심리학은 인간과 인간 집단이 겪는 다양한 심리 과정과 그에 따른 행동들을 연구한다.

가족, 학교, 회사, 친목 모임, 동문회 등 작은 단위의 집단부터 도시, 국가와 같이 큰 단위의 집단까지, 우리는 누구나 집단에 소속되어 살아간다. 집단에 속하고자 하는 인간의 욕구는 식욕과 같은 기본 욕구를 제외한, 인간이 가진 심리적 욕구 중 가장 강하다고 알려져 있다. 우리는 매 순간 의식적으로 또는 무의식적으로 집단에 속하기 위해 노력한다. 자기 의견을 낼 때 눈치를 보기도 하고, 집단에서 소외되지 않을지 불안해하며, 적응을 잘 할 수 있을지 노심초사하기도 한다. 집단의 힘은 강력해서, 나의 생각과 행동

그리고 더 나아가 내가 이루고자 하는 목표를 정할 때조차 영향을 미친다.

어떻게 보면 힘이 빠지는 소리다. '내 생각이라고 믿고 있던 생각이 정말 내 생각일까?', '내가 내린 결정이 정말 내 소신에 따른 결정일까?', '우리 팀이 세운 전략이 팀원들의 의견을 충실히 반영한 결과인가?' 같은 질문에, '그렇지 않을 수 있다'는 가능성을 남기기 때문이다.

하지만 실망하지 않기를 바란다. 개인 심리와 집단 심리를 구분하고, 집단이 개인에게, 개인이 집단에게 미치는 영향을 아는 것만으로도 좀 더 분별력을 가지고 행동할 수 있다. 집단의 힘이 작동하는 원리를 이해하고 나면, 팀/조직 구성원들이 토론을 할 때 의견이 한쪽으로 쏠리거나, 의사결정 과정이 산으로 가는 걸 막을 수 있다. 집단심리학은 우리가 대세에 쉽게 휩쓸려가지 않고 분별력을 가지도록 불을 깜박여 주는 신호등 같은 역할을 한다.

지난 20년간 나는 '어떻게 팀을 잘 운영할 것인가', '조직에서 협동심과 창의력을 높이기 위한 요소는 무엇인가?', '소수의 의견은 의사결정에 어떤 영향을 미치는가', '집단 간 갈등은 어떻게 해결될 수 있는가' 같은 문제들을 연구해 왔다. 미국 항공 관제탑에서 적군과 아군을 분별하는 임무를 맡은 팀, 호주 산불 진화 팀, 베트

남의 공공 서비스 팀 등 전 세계 곳곳의 다양한 집단이 일하는 현장이 곧 나의 심리학 연구실이다.

나는 각기 다른 환경과 문화권에 속한 집단들을 연구하면서 신속하고 정확한 의사결정을 내리는 조직, 혁신적인 아이디어를 끊임없이 내놓는 팀, 다른 집단과 협력 관계를 잘 유지하는 집단의 비결은 뛰어난 개인이 아닌 탄탄한 팀워크에 있다는 것을 알게 되었다. '팀워크'는 인간 집단이 갖고 있는 가장 오래된 심리적 자질이기도 하다. 인간은 팀워크를 이용해 개개인의 능력을 한데 모아 공통의 목표를 이뤄왔다. 나는 이 책이 보다 혁신적이고 협력적인 팀을 운영하고 싶어 하는 리더에게 실용적인 지침서가 되기를 바란다.

조직 안에서 자신의 능력을 최대한 활용하면서도 다른 동료들과도 잘 어울리는 사람이 있다. 집단도 마찬가지다. 예를 들어, 어떤 팀은 당신의 잠재력을 인정해 주고 더 키워 주는가 하면 또 어떤 팀은 당신의 존재 가치를 떨어트리거나 사사로운 분란을 계속 일으켜 일에 집중하지 못하게 하기도 한다. 자신과 잘 맞는 집단 안에서 능력을 맘껏 펼쳐 성과를 내고자 하는 사람들에게 집단 심리가 든든한 길잡이가 되었으면 좋겠다.

2020년 호주국립대학교로 자리를 옮긴 지 1년도 되지 않아 코로나 팬데믹이 시작되었고, 나는 수개월간 집에 갇혀 있게 되었다. 그때 문득, 내가 연구하고 가르치는 집단심리학에 관한 책을 쓰자고 결심했다. 강의 첫날 집단 심리가 무엇인지 헷갈려 하던 학생들이 강의 마지막날이 되면 집단 심리로 모든 현상을 이야기하는 모습을 떠올리며, 수업에서 가장 흥미로워 하는 내용을 중심으로 정리했다. 집단심리학과 사회심리학의 최신 연구와 주변에서 쉽게 경험할 수 있는 사례와 해결책을 담아, 쓸모 있는 심리학책을 쓰려고 노력했다.

팬데믹 기간동안 우리는 집단 심리의 중요성을 몸소 체험했다. 사회적 거리두기는 가족, 친구, 동료와의 교류가 주었던 소소한 행복과 심리적인 안정감을 그리워하게 만들었다. 온라인상에 퍼진 온갖 가짜뉴스를 접할 때마다 '내가 지금 21세기를 사는 게 맞을까'라는 생각이 들 정도였다. 그 어느 때보다도 동양인에 대한 차별과 불신, 집단 간 갈등이 고조되어 혐오 발언과 폭행이 빈번히 일어나기도 했다.

여전히 전 세계 곳곳에서 차별과 갈등, 전쟁과 분쟁이 이어지고 있다. 집단 간 갈등은 뿌리가 깊은 만큼 단시간에 해결되기 어렵지만 갈등을 줄일 수 있는 방법은 분명히 있다. 나는 이 책이 집단 혐오와 집단 갈등을 없애고 우정과 연대를 쌓는 일에 조금이라도 기여하기를 바란다.

인간이 도구를 사용하기 시작하면서 삶이 극적으로 진보했듯이, '집단 심리'라는 도구를 활용한다면 혼잡한 세상에서 일과 삶의 주도권을 되찾는 길을 한발 앞당기리라 믿는다.

지금부터, 집단 심리의 세계를 함께 탐험해 보자.

2023년 11월

박귀현

차례

1부

세상을 움직이는 힘

1장

인류 최초의 도구, 팀

석기시대, 철기시대, 농경시대, 산업시대, 그리고 오늘날의 정보 시대까지 인간의 역사는 어떤 도구를 개발하고 사용하는지에 따라 커다란 전환점을 맞으며 발전해 왔다. 도구들 덕분에 인간은 더 쉽고 빠르게 많은 일을 처리할 수 있다. 예를 들어 구석기 시대의 주먹도끼로는 맨손으로 하기 힘든 땅파기, 풀 캐기, 동물 가죽 벗기기 등을 할 수 있었다. 자동차와 비행기 같은 오늘날의 교통수단을 이용하면 걸어서 며칠이나 몇 달이 걸릴 곳을 몇 시간이나 몇 분 안에 갈 수 있다. 컴퓨터 없이 정보를 기록하고 저장하고 검색한다면 한 달쯤 걸릴 일을 컴퓨터를 사용하면 몇 초 만에 할 수도 있다. 이렇게 인간은 도구를 사용하여 자신의 능력을 끌어올린다는 점에서 다른 동물과 다르다.

인간의 도구는 손에 잡히거나 눈에 보이는 바늘, 도끼, 자동차, 컴퓨터 등에 국한되지 않는다. 미국의 저명한 사회심리학자 벌린 힌즈는 자신의 논문에서 인간의 능력을 확장시킨 최초의 도구는 팀이라고 말한다. 팀은 인간의 잠재 능력을 최상으로 끌어내는, "인간이 인간을 사용하는 도구"라고 말이다.[1]

오랜 역사 동안 인간은 친구, 가족, 직장 등 다양한 소집단small group에서 크고 작은 여러 일들을 해 왔다. 인간이 꾸리는 소집단 중에서도 팀은 여러 사람으로 구성되어 그들의 공통된 목표를 이루기 위해 협력하는 집단을 말한다. 그리고 팀워크란 각 팀원이 가지고 있는 능력을 한데 모아 공통의 목표를 이뤄내는 과정을 말한다. 인간 집단이 갖고 있는 가장 오래되고 적응력이 뛰어난 심리적 자질이 바로 팀워크다.[2] 요즘 들어 많은 기업에서 도입한 팀 중심의 업무 방식과 팀워크에 대한 강조는 혁신적인 것처럼 받아들여지고 있지만 인류 진화의 역사에서 보면 전혀 새로운 것이 아니다. 인간은 수렵·채집 시대부터 팀워크를 이뤄 일해 왔기 때문이다.

인간뿐 아니라 다른 동물들도 팀워크를 이용해 생존하는 법을 터득했다. 예를 들어 물고기의 팀워크는 주로 수적인 우세를 이용한다. 멸치, 정어리와 같이 비교적 작은 물고기들은 포식자가 가까이 있다는 낌새가 느껴지면 순간적으로 거대한 둥근 공 모양을 이루어 하나의 거대한 바다 괴물 같은 형상을 만들어 낸다. 미끼만 한 작은 물고기들이 모여 공 모양을 이룬다고 하여 이를 '미끼공bait ball'이라고 하는데, 이는 포식자로부터 자신을 보호하기 위해 서로를 방패막이로 쓰는 것이다.

인간과 유전자가 가장 유사한 동물인 침팬지도 팀워크를 이용한다. 노쇠해 가는 우두머리 수컷을 몇몇 젊은 수컷이 힘을 모아 몰아내기도 한다. 침팬지들의 팀워크는 공통된 목적, 구축된 동맹, 조직화된 행동에 기반한다는 점에서 인간의 팀과 유사하다. 그러나 이들의 팀워크는 자기 생존과 번식에 직결된 일들에 한정되며 자신의 안녕을 위해 다른 침팬지를 이용하는 것이기에 한계가 있다.

인지 분업의 장이자 지식 저장소

인간은 팀워크를 통해 거대한 협력 구조를 만들어 새로운 분야를 개척하고 새로운 문물을 만들어 사용하는 유일한 동물이다. 또한 집단을 이뤄 살아가는 것이 인간의 숙명인 만큼 인간의 사고 체계는 집단에 맞춰지며 이로써 집단을 현명하게 운영하는 자질도 갖게 되었다. 이런 자질 중 하나인 팀워크 덕분에 인간은 빠르게 변화하는 환경에 융통성 있게 적응할 수 있었다. 원시시대에 여럿이 먹잇감을 구하는 일부터 오늘날에는 새로운 과학 지식을 쌓는 일, 기업과 국가를 운영하는 일, 그리고 새로운 삶의 터전이 될 행성을 찾아 나서는 일에서까지 인간은 자신의 가능성을 팀워크를 이용해 끊임없이 펼치고 있다.

약 2만 년 전에 그려진 프랑스 라스코 동굴 벽화는 그 당시 인간들이 강하고 빠른 먹잇감 포획이라는 공통된 목표를 두고 어떻게 팀워크를 발휘했는지 잘 보여 준다. 오늘날 적과 마주한 군인들이 지도를 앞에 두고 전략을 짜듯이, 이 구석기 시대의 벽화에는 달려나가는 커다란 먹잇감과 그것을 여러 방향에서 다양한 방법으로 공격하는 원시인들의 모습이 담겨 있다. 연구자들은 이 그림들이 신에게 사냥의 성공을 기원하기 위해서뿐 아니라 사냥에 참가하는 팀원들을 교육하고, 팀의 전략을 공유하기 위해 그려졌다고 보고 있다.

이렇게 인간의 팀은 서로 다른 지식과 기술을 가진 사람들을 한데 모아 시너지를 내도록 만들어졌다. 이것을 심리학에서는 분산기억체계transactive memory system라는 용어로 설명하는데, 이는 한 사람이 모든 것을 기억하고 실행하는 것이 아니라 서로 분야를 나누어 더 효율적으로 일을 나누어 도모하는 것을 말한다.

미국의 심리학자 리처드 모어랜드Richard Moreland는 처음 만난 실험 참가자들이 팀을 이뤄 라디오를 조립하도록 했는데, 이 팀들이 30분 안에 자발적으로 분산기억체계를 이용하기 시작했다고 보고한다. 팀원들 각자가 전문 분야를 나눠 자기가 맡은 분야를 책임지고 다른 사람과 협력하는 방식으로 라디오를 조립했다는 것이다.[3] 이는 우리 뇌가 하나의 덩어리에서 역할이 다른 전두엽, 후두엽, 측두엽으로 나뉜 것과 비슷하다. 모어랜드의 실험은 이 놀라운 인지의 분업이 한 사람의 뇌에서만이 아니라 팀 안에서도 이루어짐을 보여 주었다.

구석기시대에 이미 인류는 이러한 분산기억체계를 바탕으로 분업이라는 협력 장치를 사용하여 개인의 장점과 특성을 살림으로써 강력한 팀을 이루었다. 팀원 각자가 들소처럼 힘이 세거나 빠르지 않아도 들소가 지나가는 자리를 알아보는 팀원, 돌멩이로 들소에게 상처를 입히는 팀원, 들소가 지칠 때까지 그 뒤를 쫓아가는 팀원, 막대기를 이용해 들소를 내려치는 팀원, 숨이 꺼져 가는 들소를 밧줄로 옭아매는 팀원이 하나가 되어 팀워크를 발휘했다.

또한 인간은 정보를 팀에 저장했다. 문자가 없던 시대에도 겨울을 어떻게 나야 하는지, 어느 곳에 가면 사냥감이 많은지 등 생존에 필수적인 지식을 부족원 중 사냥 경험이 풍부하고 여러 계절을 지내 온 어른에게 전수받았다. 미국의 우주생물학자 케일럽 샤프Caleb Scharf는 호주 원주민들이 자신들이 생활하는 지역의 사냥감과 지형에 대한 특징을 이야기로 만들어 집단 성원에게 널리 구전으로 전해 왔다고 말한다.[1]

이처럼 집단을 이용한 지식 저장법은 후세대 부족원이 대대로 삶의 터전을 다지는 데 크게 기여했다. 400세대 이상 구전으로 내려온 이 이야기들에는 지금은 멸종된 동물들, 해수면 상승으로 없어진 섬들, 당시의 화산, 언덕, 바위의 위치까지 담겨 있는데, 2만여 년이 지난 오늘날까지도 그 이야기를 토대로 지역의 지형적 특징을 지질학적으로 연구할 수 있을 정도로 정확도가 높다고 한다. 샤프에 따르면, 같은 정보를 여러 곳에 반복해 저장함으로써 그 정보를 잃어버리지 않고 정확하게 전달하는 것이 컴퓨터 프로그래밍의 원리인데 인간 집단은 이미 수만 년 전부터 팀을 이용해 이와 같은 작업을 해 왔다는 것이다.

인간은 하드웨어, 집단은 소프트웨어

인간의 팀은 지식을 저장하고 이용하는 데 쓰일 뿐 아니라 지식을 개발하고 퍼뜨리는 데에도 유용하게 쓰인다. 미국의 철학자 대니얼 데닛Daniel Dennett은 그의 책에서 인간이 그간 다양한 실패와 성공을 통해 얻은 지식을 담아낸 최초의 연구·개발 기관이 팀이었다고 말한다.[5] 뾰족한 배의 윗머리, 날렵하게 빠진 배의 몸통과 판판하고 넓적한 노 등과 같이 문물 교류가 왕성하지 않았던 고대사회에서 만들어진 배들은 전 세계 어디서든 그 모양이 비슷하다. 숫자도 모르던 인간 선조의 팀들은 끊임없는 시도와 성공과 실패의 경험을 통해 가장 유용한 배의 형태를 수천만 년 동안 발달시켜 왔다.

데닛은 유용한 배와 유용하지 않은 배, 각각을 만든 팀은 아주 다른 운명을 맞았다고 말한다. 강이나 바다로 나간 배의 기술자 팀이 돌아오지 않으면 실패한 배고, 그 팀이 살아 돌아오면 성공한 배다. 실패한 배에 관한 지식을 가진 팀은 배와 함께 수장되지만 성공한 배에 관한 지식을 가진 팀은 살아남아 그 지식을 전할 수 있다. 이와 같이 어떤 목적을 위해 팀이 시도하는 과정에서 얻어진 지식과 노하우는 팀이 속한 집단에 저장된다.

유용한 지식은 집단 성원에게 저장·모방·계승되어 집단에 바로 받아들여지고 쓰인다. 성원 중에 과학자가 없어도 인간 집단은 과학 원리에 들어맞는 지혜를 팀이라는 사회적 도구를 사용해서 쌓아왔다. 집단 성원 모두가 똑똑하지 않아도 유용한 지혜와 지식을 쌓고 최소한의 노력으로 또는 무의식적으로 그것을 모방해서 활용하는 것, 바로 그것이 팀이라는 도구의 원래 사용법이다.

모든 지구상의 생명체는 DNA 유전자를 갖고 있는데, 이것을 이루는 네 가지 염기, 즉 A[아데닌], C[사이토신], G[구아닌], T[티민]이 어떻게 배열되어 있는지에 따라 주름진 완두콩이나 둥근 완두콩처럼 다른 특징을 가진 생명체가 된다. 이 염기들의 배열 순서는 생명체가 살아가는 법도 정한다. 광합성을 원료로, 아니면 초목을 먹거나 동물을 먹으며 살아갈지 등등 말이다. 대다수 생물체는 자신의 유전자가 정해 주는 신체적 기능과 생물학적 본능을 크게 벗어나지 못한다.

이러한 이유로, 그들이 환경에 적응하기 위해서는 많은 세대를 거쳐서 유전자 조합을 아주 미미하게 바꿔가는 법, 즉 진화의 법칙을 따르는 수밖에 없다.

변화하는 환경에 적응하기 위해 다른 동물과 마찬가지로 인간도 세대를 거쳐 진화해 왔다. 예를 들어 북극에 사는 사람들은 눈이 길고 가늘다. 흰 눈에 반사된 빛에 적응하며 북극에 살게 된 사람들이 아주 여러 세대를 걸쳐 진화한 결과다. 하지만 신체적 진화는 오랜 시간이 걸린다. 인간은 완두콩처럼 일 년마다 한 번씩 새로운 세대를 거치지 않기 때문이다.

이런 인간이 환경의 변화에 더 빨리 적응하기 위해 이용한 것이 집단이라는 사회적 도구다. 추위를 피하기 위해 지혜를 모으고, 그 지혜를 빠르게 집단 성원에게 퍼트리는 것이다. 한 사람이 추위를

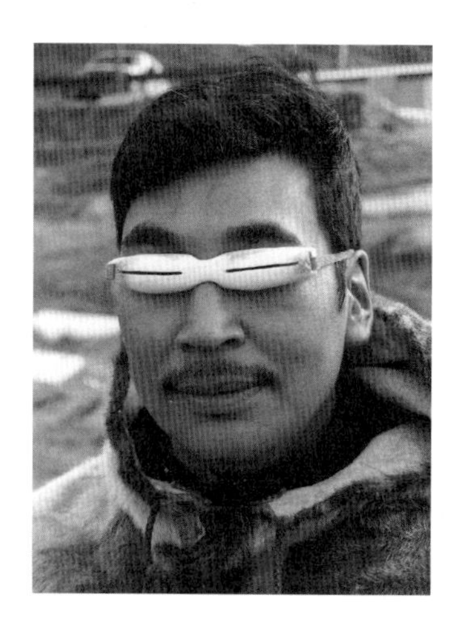

그림1 에스키모들이 쓰는 가로로 긴 타원형의 스노우 고글.

이기는 데 좋은 방법을 알게 되었을 때, 집단을 통해서라면 단시간에 모든 이가 추위에 대처하는 능력을 갖게 된다. 에스키모들이 눈雪에서 반사되는 직사광선으로부터 눈□을 보호하기 위해 단춧구멍같이 뚫린, 가로로 긴 타원형의 스노우 고글을 만들어 쓰는 것도 이와 같다.

인간 개개인이 DNA라는 유전자의 조합이자 발현이라고 한다면, 집단은 이러한 개인들을 조합하여 인간이 더 뛰어난 능력을 발휘하게 하는 도구이자 사회적 생명체다. 개인이 단시간에 자신의 능력을 끌어올리거나 신체 구조를 바꾸는 것은 쉽지 않다. 하지만 다양한 능력을 가진 사람으로 구성되는 팀은 비교적 짧은 시간에 개인이 가진 한계를 극복할 수 있다. 이러한 팀을 통해 만들어지는 팀워크를 잘 이용한다면 난제를 풀어 나가기가 훨씬 빠르고 수월하다. 인간의 신체를 하드웨어라고 한다면 인간 집단은 소프트웨어로 볼 수 있다. 하드웨어는 변화를 주기 힘들지만 소프트웨어는 종류와 용도도 다양하고 필요에 따라 개발하며 빠른 시간에 업그레이드해서 쓸 수 있듯이 말이다.

내집단 선호와 집단 허울

집단은 살아 있는 생명체와 같아서 느끼고, 기억하고, 움직인다. 그리고 우리는 집단의 일부가 되어 집단의 발전을 위해 힘을 쏟는다. 자신이 속한 집단이 성공을 이뤄 내면 자신이 성공한 듯 기쁜데, 심리학 연구에 따르면 인간은 자기 자신과 자기가 속한 집단을 쉽게 동일시한다. 집단의 일을 자기 일로 여기는 것이 인간 심리의 기본 원리다.

2018년 평창동계올림픽에서 우리는 그간 잘 알지도 못하고 관심도 없었던 컬링이라는 종목에 빠져들었다. 컬링은 얼음판에서 양쪽 팀이 무겁고 둥글넙데데한 돌을 미끄러뜨려 동심원 과녁에 넣음으로써 득점을 얻는 생소한 경기였지만, 한국팀의 컬링 경기는 우리나라 국민의 기분을 들었다 놓았다 했다.

한국팀이 예선전이나 결승전을 치르는 날엔 아침부터 승리를 기원하는 응원의 열기가 뜨거워지고 경기 시작 시간이 되면 텔레비전 앞에 삼삼오오 모여 들었다. 온 동네 사람들이 한국팀이 득점할 기회를 얻거나 점수를 올리면 함성을 지르고 공짜 음식이나 술과 안주를 내놓는 음식점과 술집도 등장했다. 돌이 이리저리 부딪힐 때마다 사람들은 숨을 죽이거나 환호하면서 한국 선수를 응원했다.

- 당신은 이 선수들이 '한국' 컬링 선수라는 것 이외에 이들을 개인적으로 알고 있는가? (아닐 것이다.)
- 이 선수들은 당신을 개인적으로 알고 있는가? (아닐 것이다.)
- 이 선수들이 이기면 당신에게 응원비 명목으로 상금이나 메달이 지급되는가? (아닐 것이다.)
- 당신은 상대 선수들에 대해 '한국' 컬링 선수가 아니라는 것 이외에 이들을 개인적으로 알고 있는가? (아닐 것이다.)
- 상대 선수들은 당신을 개인적으로 알고 있는가? (모를 것이다.)
- 상대 선수들이 당신에게 해를 입히거나 입히려고 한 적이 있는가? (알지도 못하고 본 적도 없으니 아닐 것이다.)

생판 모르고 앞으로 만날 기회가 없으며 나와는 전혀 상관없는 남의 일도 같은 집단이 되면 나의 팀, 내 일이 된다. 자신과는 개인적으로 아무 관계가 없는 한국 컬링 선수가 상대 선수가 굴린 돌에 부상을 입었다는 소식을 들으면 상처 부위가 괜찮은지 염려하며 안타까워한다. 하지만 자신과는 개인적으로 아무 관계가 없는 상대 선수가 부상을 입었다면 "그러게 잘 피해야지!" 하며 대수롭지 않게 넘길 것이다.

이름뿐인 집단이라도 집단은 인간을 묶어 하나로 움직이게 한다. 우리는 집단의 감정을 느끼고 집단을 위해 행동하는 것이 내

일인 듯 자연스럽게 여긴다. 한국팀이 올림픽의 어떤 종목에서 메달을 따면 국제 스포츠계에서 한국이라는 나라의 위상이 약간 높아지긴 할 것이다. 그런데 우리는 이러한 것이 우리에게 개인적으로 어떤 이익을 가져다줄지 따지지 않는다. 개인적인 이득에 상관없이 같은 집단이라는 이유로 우리는 한국 선수들과 기쁨과 슬픔을 같이한다. 우리에게는 이런 일이 일상적이어서 당연하게 여기지만, 이는 인간이 공통적으로 갖고 있는 특징인 내집단 선호in-group favoritism를 보여 준다.

인간의 내집단 선호는 유아기 때부터 시작되는 것으로 알려져 있다. 한 심리학 연구 결과에 따르면, 태어난 지 6개월 정도부터 어린아이들은 점차 외집단 사람보다 내집단 사람을 선호한다고 한다.[6] 한 예로, 우리 아이는 미국에서 태어나 한국에서 살아 본 적이 없다. 그런데도 영화 〈기생충〉이 아카데미 시상식에서 오스카상을 받자 자기 일처럼 기뻐하고 좋아했다. "엄마, 나도 모르겠어. 한국인이 받으니까 기분이 너무 좋아. 하늘로 날아오를 것 같아"라고 말이다. 이러한 내집단 선호 현상은 초등학교에서 다른 집단의 친구들과 섞여 생활하면서 점점 줄어든다고 한다.[7]

인간의 이러한 내집단 선호는 '심리적 허울'에서 비롯된다. 인간은 실존하지 않는 것을 인식하는 '심리적 허울'을 가지고 있다. 이는 일상에서 흔히 찾아볼 수 있으며 그중 하나가 얼굴 허울이다.

인간의 삶에서 아주 중요한, 얼굴을 인식하는 능력은 작은 단서에도 아주 민감하게 작용하여 허상의 인물을 만들어 내는데, 그것을 이용한 것이 애니메이션이다.

3D 애니메이션 영화는 빨리 돌아가는 여러 장의 그림으로 만들어진다는 것을 우리는 이미 알고 있다. 하지만 괴물이나 강아지 또는 커피 잔 등 얼굴이 있는 캐릭터가 등장하면, 그것이 곧 감정을 느끼며 살아 움직인다고 뇌는 착각한다. 즉 존재하지 않고 존재할 수도 없는 것들을 실제로 존재한다고 느끼며 그것에 감정 이입하는데, 이는 인간이 가진 뇌 기능의 상당 부분이 타인의 얼굴을 인식하고 표정을 읽는 데 쓰이기 때문이다.

이런 얼굴 인식 센서는 인류 생존에 아주 중요한 역할을 했다. 사람의 얼굴을 인식하지 못하는 아이는 엄마를 잃어버릴 확률이 높다. 친근한 이웃의 얼굴과 낯선 이의 얼굴을 구분하지 못한다면 쉽게 곤경에 처할 수 있다. 얼굴을 기억하고, 그 차이를 구분하고, 찾고 싶은 얼굴을 찾아내는 것은 인간의 생존에 중요한 요소였다.

인간의 뇌는 재빠르게 얼굴 인식만을 목적으로 하는 영역(방추상 얼굴 영역)을 갖고 있기에 우리는 그 어떤 물체보다 얼굴을 먼저 보게 된다. 이런 특별한 얼굴 인식 기제가 작동하면 더 나아가 얼굴이 없는 곳에서도 그 비슷한 것만 봐도 얼굴을 떠올릴 수 있다. 파란 하늘에 떠 있는 구름에서 산타할아버지의 얼굴이나 강아지 얼굴을 인식하여 "와, 저 구름 산타 닮았어!"라고 이야기하지만, 사람의 얼굴을 보고 "와, 너 구름 닮았어!"라고 말하지 않듯이 말이다.

데닛은 다른 동물도 생존에 필요한 심리적 허울을 갖고 있다고 말한다. 개구리에게 주식인 파리를 인식하는 일은 생존에 있어 아주 중요한 문제다. 그래서 개구리의 시신경은 재빠르게 파리를 알아챌 수 있도록 최적화되어 있다. 어떤 배경이나 사물이 눈앞에 있더라도 그것에서 파리같이 보이는 검은 점을 인식하는 데 모든 시신경을 총동원하기 때문이다. 파리를 인식하지 못하는 눈을 가진 개구리는 굶어 죽을 확률이 높았고, 개구리의 눈은 생존을 위해 검은 점에 예민하게 반응하도록 진화했다. 앞서 사람들이 구름을 보고 사람 얼굴로 인식하듯 개구리는 검은 점과 같은 물체를 파리로 인식한다. 이른바 파리 허울 현상으로, 개구리는 검은 점 비슷한 것들이 눈앞에 보이면 혀를 날름 내밀어 파리가 실제로 앞에 있는 것처럼 행동한다.

인간의 뇌는 이와 비슷하거나 더 강하게 집단을 인식하는 능력이 발달되어 있다. 그리고 실재하지 않고 허울로 만들어졌으며 이름만 있는 '집단'이라 하더라도 인간은 이를 실체가 있는 집단으로 인식한다. 인간은 집단이 없는 곳에서도 집단을 인식하고 허울뿐인 집단을 만들어 행동하기도 한다. 이를 '집단에 대한 심리적 허울'(이하 '집단 허울')이라고 한다.

집단 허울은 인간의 감정과 행동에 많은 영향을 미친다. 앞서 언급한 컬링 경기를 관람하는 한국인들도 집단 허울에 사로잡혀 남의 일을 자기 일로 여기는 것이다. 심리학자들은 지난 70여 년간 여러 실험을 통해 인간의 집단 허울과 이에 따른 내집단 선호가 지나치게 강하며 비합리적·비이성적이라는 것을 밝혀 왔다.

대표적으로 심리학자 앙리 타이펠Henri Tajfel은 허울뿐인 집단일지라도 인간은 자신이 속한 집단(내집단)에 호의를 보이는 반면, 자신이 속하지 않은 집단(외집단)은 차별한다는 것에 관한 많은 유명한 실험을 남겼다.[8] 이 실험은 수차례 비슷한 방식으로 진행되었는데, 실험 목적은 무작위로 참가자들을 두 집단으로 나누었을 때 그들이 각각의 집단 성원에게 어떻게 행동하는지 알아보는 것이었다.

그의 간단하지만 독특한 이 실험 방식은 최소 집단 패러다임minimal group paradigm이라고 불리며, 50년 넘도록 많은 심리학자에게 영향을 주었다. 여기서 당신도 실험 참가자라고 가정하고, 아래의 세 경우에 자신이 어떤 결정을 내릴지 생각해 보자. 잠시나마 유명한 심리학 실험의 참가자가 되어 보는 것이다.

1 실험실에 도착한다.
2 곧바로 실험 안내자의 안내에 따라 동전을 던지고, 동전의 나온 면(앞면 또는 뒷면)을 확인한 안내자가 개인 방으로 데리고 들어간다.

3 그곳에서 안내자가 이렇게 말한다. "당신은 동전의 뒷면이 나왔으니 뒤 팀입니다."

4 안내자가 다음 단계를 설명한다. "당신은 참가자1과 참가자2에게 각각 돈을 나눠 주는 역할을 맡게 되었습니다. 총 14개의 옵션 중 하나의 '선택'을 고를 수 있습니다. 다음 세 가지 경우에서 각각 '선택'을 하나씩 골라 O표 해 주세요. 예를 들어 선택7을 고른다면, 참가자1은 7달러, 참가자2는 8달러를 받게 됩니다. 다시 한번 말하지만, 당신이 어떤 '선택'을 골라도 참가자1과 참가자2에게만 돈이 주어질 뿐 당신에게 돌아오는 이득은 없습니다."

당신이 '선택' 고르기를 마쳤다면, 실험 결과가 궁금할 것이다. 다른 사람들은 대체로 어떤 '선택'을 했는지 말이다. 결과는 다음과 같다.

참가자들이 동일하게 자신이 속한 집단(내집단) 성원인 경우1(그림2), 그리고 참가자들이 동일하게 자신이 속하지 않은 집단(외집단) 성원인 경우2(그림3)에서 참가자들은 최대한 공평하게 분배하는 선택7 또는 선택8을 가장 많이 골랐다. 하지만 경우3(그림4)과 같이 내집단 참가자와 외집단 참가자가 섞여 있을 때, 사람들은 내집단 성원에게 최대한 많이 주는 쪽을 골랐다. 즉 선택14를 가장 많이 골랐다. 다시 말하지만 팀은 동전 던지기 방식으로 무작위로

선택	1	2	3	4	5	6	7	8	9	10	11	12	13	14
참가자1(뒤 팀)	$1	$2	$3	$4	$5	$6	$7	$8	$9	$10	$11	$12	$13	$14
참가자2(뒤 팀)	$14	$13	$12	$11	$10	$9	$8	$7	$6	$5	$4	$3	$2	$1

그림2 참가자1과 참가자2 모두 '뒤 팀'으로 당신과 같은 팀인 경우1.

선택	1	2	3	4	5	6	7	8	9	10	11	12	13	14
참가자1(앞 팀)	$1	$2	$3	$4	$5	$6	$7	$8	$9	$10	$11	$12	$13	$14
참가자2(앞 팀)	$14	$13	$12	$11	$10	$9	$8	$7	$6	$5	$4	$3	$2	$1

그림3 참가자1과 참가자2 모두 '앞 팀'으로 당신과 다른 팀인 경우2.

선택	1	2	3	4	5	6	7	8	9	10	11	12	13	14
참가자1(뒤 팀)	$1	$2	$3	$4	$5	$6	$7	$8	$9	$10	$11	$12	$13	$14
참가자2(앞 팀)	$14	$13	$12	$11	$10	$9	$8	$7	$6	$5	$4	$3	$2	$1

그림4 참가자1은 '뒤 팀'이고 참가자2는 '앞 팀'으로 참가자1만 같은 팀인 경우3.

정해졌고, 또한 실험 참가자들은 서로 누구인지 모른다. 이 실험에서 집단은 실험 주관자가 만든 허울일 뿐이다. 이름뿐인 허울 집단에서도 내집단을 선호하는 경향이 나타난 것이다.

수업 시간에 타이펠의 실험을 소개한 다음 나는 항상 이렇게 묻는다. "이 실험 참가자들은 자신이 1시간 남짓 속한 허울뿐인 집단인데도 그 성원들에게 포인트를 더 나눠 주었습니다. 여러분이 나중에 매니저가 되어 사람을 뽑는다고 해 보죠. 그 경우에 당신이 속한 인종, 국가, 학교, 지역 등 같은 집단의 사람에게 한 번 더 기회를 줄 건가요?"

그동안 같은 집단의 사람은 당연히 도와야 한다고 생각해 왔던 대부분의 학생은 혼란스러워 한다. 그리고 "여러분은 의리 있는 사람인가요? 아니면 (집단 허울에 사로잡힌) 공정하지 않은 사람인가요?"라는 질문을 덧붙인다. 그러면 학생들은 "내가 속한 집단에서는 의리가 있는 사람이겠지만 그렇지 않은 대부분의 사람에게 그 일은 공정하지 않겠죠"라고 말한다. 그러고는 내집단 선호라는 불공정한 행동에서 자신들도 자유롭지 않음을 깨닫는다. 이렇게 우리는 모두 가해자이면서 피해자일 수 있다.

버리지 못하는 티셔츠

또한 사람들은 자신을 위해서 산 물건은 쉽게 버리지만 자신의 집단을 상징하는 물건은 함부로 버리지 못한다. 미국의 사회심리학자 조너선 하이트Jonathan Haidt와 공동 연구자들은 실험을 통해 많은 사람이 이와 비슷하게 느낀다는 것을 밝혔다.[9] 그는 특정 나이대(성인은 19~26세, 어린이는 10~12세)의 사람과 국적(브라질와 미국)과 경제 수준(부촌과 빈민촌)이 다른 사람들을 실험 참가자로 설정한 다음, 주어진 이야기에 등장하는 인물의 행동을 평가하게 했다.(국기에 관한 내용이 나올 때 참가자들은 자기 나라 국기를 떠올리며 이야기를 읽었다).

"한 여성이 자신의 옷장을 정리하는 중에 오래된 성조기가 나왔다. 그녀는 성조기가 더 이상 필요 없었고 성조기를 잘게 잘라 화장실 청소용 걸레로 사용했다."

이 사람의 행동이 불편한지 묻는 질문에 40퍼센트의 사람들이 그렇다고 답했고, 성인의 34퍼센트, 어린이의 56퍼센트가 이런 행동을 중단시키거나 벌을 줘야 한다고 대답했다. 그들은 이 행동이 아무에게도 해를 입히지는 않지만 왠지 꺼림칙하고 싫다고 답했다. 이 여성은 쓰지 않는 물건을 재활용했을 뿐인데 말이다.

나 역시 그렇다. 지난 25년 동안 한국에서 미국, 미국에서 싱가포르, 그리고 싱가포르에서 호주, 이렇게 세 번 이삿짐을 쌌다 풀었다를 반복했다. 그런데 나한테는 더 이상 맞지 않는 낡아빠진 옷인데도 좀처럼 버리기 힘든 옷이 있다. 바로 작은 태극기가 그려진 붉은 악마 티셔츠다. 진작에 처분했을 옷이지만 소매에 조그만 태극기가 새겨져 있어서 이 티셔츠가 지저분한 쓰레기들과 섞이는 것은 상상도 할 수 없거니와 혹시 걸레로 쓰이면 어쩌나 걱정부터 앞선다.

이렇게 집단에 애착을 갖는 것은 각자가 속한 집단이 정말로 잘나서가 아니다. 우리는 한국인으로서 한국의 단점을 누구보다도 잘 알고 있지만 그것이 한국에 대한 애착을 없애지는 않는다. 한국이 포르투갈과 축구 경기를 할 때 포르투갈 팀의 피파FIFA 랭킹이 더 높다고 해서 포르투갈을 응원하는 한국인은 없을 것이다. 남의 집단은 남의 집단이다. 하지만 내 집단은 내 신체 일부처럼 나 자신과 연결되어 있다.

심리학자들은 집단이 개인에게 아무것도 해 주지 않는 상황에서도 집단에 애착을 갖는 것은 인간의 근본적인 심리라고 말한다. 앞서 말했듯이 내 집단을 나와 동일시하고 내 집단의 안녕을 내 안녕과 동일시하기 때문이다. 축구, 배구, 농구 같은 집단 스포츠에서 국가대표 선수들이 종종 초인적인 능력을 발휘하는 것은 집단을 향한 개인의 애착이 엄청난 연료가 되기 때문이다.

집단은 스티커처럼 떼었다 붙였다 할 수도 있다. 한번 몸담은 집단에 애착하는 정도는 쉽게 조절되지 않지만 인간은 소속 집단을 비교적 자유롭게 바꾼다. 나는 이것을 '집단 회원권'이라고 부른다. 인종이나 성별을 제외하고 국가, 학교, 지역, 회사 등과 같은 대부분의 집단에서는 개인을 집단 성원으로 받아들일지 여부를 선택할 수 있다. 이런 집단 회원권의 유연성을 이해하고 알맞게 이용하는 집단은 더 오래 건강하게 살아남는다.

이 집단 회원권을 성공적으로 이용하는 나라가 바로 미국이다. 미국은 '시민권'을 이용해서 아메리칸드림이라는 집단 회원권을 나눠 주는 영업을 하고 있다. 아메리칸드림은 어떤 집단 출신이든 미국에서는 노력하는 사람 모두가 기회를 얻는다는 꿈을 심어 준다.

내 주변에는 미국으로 서른 살 때 이민 온 베트남 친구, 여덟 살 때 이민 온 세르비아 친구, 할머니 세대에 이민 왔다는 이스라엘 출신 친구와 같이 미국에 정착해 시민권을 얻고, 자신들의 후손이 미국인으로 자라길 바라는 다양한 국가 출신의 사람들이 있다. 여전히 전 세계에서 미국의 집단 회원권을 얻으려고 이주하는 사람들이 있고, 미국은 그런 사람들을 받아들이고 기회를 준다. 미국은 그렇게 회원권을 얻은 구성원이 갖는 집단에 대한 애착을 미국의 번성과 발전을 위한 연료로 활용한다.

이런 집단 회원권은 극단적 성향의 일부 집단이 그 집단을 영속

시키기 위한 연료로도 사용된다. 몇 년 전 극단적 이슬람 교리를 따르는 테러리스트 집단을 대상으로 연구를 한 적이 있다.[10] 유럽, 미국 등에서 활동하는 이 조직은 삼엄한 경계를 피하기 위해 숨어 다닌다. 대부분의 이슬람 국가에서 이 테러리스트 조직은 공포와 혐오의 대상이다. 한마디로 집단 망신으로 여기며 민폐 집단으로 취급하는데, 이 집단 때문에 전 세계 이슬람교도에 대한 인식과 처우가 상당히 나빠졌기 때문이다.

대부분의 테러 조직은 이런 이유로 철저히 자신들의 정체와 의도를 숨긴 채(종종 자신들마저 누구와 일하는지 모르는 경우가 있다) 임무를 수행한다. 이런 환경에서도 조직이 끈질기게 살아남고 활동할 수 있는 원료는 바로 집단 정체성에 기반한 집단 회원권이다. 자신들은 모두 알라를 섬기는 형제라는 집단 회원권으로 뭉친 이들에게는 무고한 시민을 신의 심판이라는 이름으로 죽이고 테러리스트로서 집단을 위해 임무를 수행하다가 죽는 것은 곧 영예로운 일이다.

이들은 테러리스트들이 많이 활동하는 곳의 벽에 '이 달의 자살 테러리스트'라는 문구와 함께 자살로 제일 많은 수의 적을 죽인 자살 테러리스트의 신상 정보와 사진을 붙여 놓고 그들을 기리기도 한다. 죽더라도 집단을 위해서 죽으면 신성한 의미를 부여받고, 개인은 영속성을 갖게 된다. 또한 어떤 행동에 집단이라는 스티커가 붙으면 그 의미가 배가 되어 집단을 위한 에너지가 끊임없이 유입된다.

금연 모임이 실패로 끝난 이유

집단에 대한 소속감은 인간을 심리적으로 지탱해 주는 역할을 한다. 자신의 존재에 또 하나의 중요한 의미를 부여하기 때문이다. 가족의 장녀, 프로젝트에 필요한 팀원, 구역 예배에서 기도를 이끄는 신자 등 인간은 여러 집단에 속해 있고, 집단에서의 역할을 통해 심리적 안정을 찾는다.

인간은 집단에 속하고자 하는 강한 귀속 욕구가 있다. 종종 그 욕구가 비논리적이고 자신에게 해가 된다고 해도 그렇다. 미국의 심리학자 어빙 재니스Irving Janis는 니코틴중독자들의 금연 모임에 참석하여 그들이 무슨 이야기를 나누는지 관찰하던 중에 뜻밖의 현상을 목격했다. 사람들이 집단적으로 자신들에게 해가 되는 일에 동조하는 현상이 나타난 것이다.

이 모임의 회원이 되려면 담배를 끊겠다는 간절한 열망이 있어야 한다. 모임을 주관한 병원은 같은 열망으로 뭉친 이들이 힘을 합하면 더 성공적으로 금연할 수 있다고 생각하여 금연 전문가와 심리학자도 참석하게 하는 등 모임을 지원했다. 이곳 회원들은 담배 때문에 일상생활과 건강에 크게 지장을 받을 정도로 고통받는 중독자들이었다. 이들은 정기적으로 같이 모여서 어느 정도로 금연 계획을 잘 세우고 실천하는지, 그리고 금연의 어려움을 어떻게 극복해야 하는지 이야기하며 서로 기운을 북돋워 주었다.

재니스는 이 모임에서 아주 이상한 점을 발견했다. 초기에는 회원 모두 금연을 해 보자며 서로를 격려하면서 모임의 취지에 걸맞게 토론을 한다. 금연의 어려움을 호소하는 회원에게는 어떻게 하면 담배를 끊을 수 있는지 자신들의 성공담과 실패담을 나누며 모두가 금연하는 그날을 기대하는 분위기다.

그러다 모임의 중반부터 몇 명씩 실패를 토로하는 회원들이 생긴다. 두 달을 잘 참았는데 친구 생일파티에서 하필 제일 좋아하는 시가를 권유받았다든지, 한 모금은 괜찮겠지 하며 시작했다가 다시 담배를 피우게 되었다든지, 사업상 힘든 일이 있어서 스트레스를 풀려고 담배에 다시 손대기 시작했다든지 등등의 이야기들이 오간다. 그 후로는 자신이 너무 못난 것 같고 스스로가 밉다고 말하는 금연 실패자들이 더 많아지고 그들을 보듬어 주려는 회원들의 위로가 이어진다.

마지막 모임을 앞둔 시점부터 회원들은 헤어져야 할 시간이 가까워지는 것을 아쉬워한다. 그러고는 모임을 연장하기로 마음이라도 먹은 듯 하나둘씩 다시 담배에 손을 대기 시작한다. 다수 회원이 "금연은 짧은 시간 안에 해낼 수 있는 것이 아닙니다. 어느 누구든 그건 불가능한 일이죠"라고 말하며 분위기를 몰아가고, 모임은 점차 금연을 포기하는 모임으로 변질되어 간다. "금연은 의지가 강해야 가능합니다. 저도 강한 금연 의지로 끊었다니까요"라고 말하는 회원에게는 "잘난 척하기는! 그게 얼마나 갈 것 같소?" 하며 금연 성공을 비하하기도 한다.

결국 모임을 통해 담배를 끊었던 회원도 모임에 속하기 위해 다시 담배에 손을 댄다. 종종 강한 금연 의지로 담배를 끊었던 사람이 다시 피우게 되었다고 실토하면, 다른 회원들은 영웅이 살아 돌아온 듯 환호하기까지 한다. 심리학자와 정신과 의사가 "여러분, 이 모임의 목적은 담배를 끊는 것입니다. 다시 담배를 핀다는데, 이런 행동에 환호하는 것은 목적에 반하는 행동입니다"라며 지적해도 모임 회원 모두 전문가의 말을 흘려듣는다.

이처럼 집단에 인정받고 싶은 욕구는 극단화의 밑바탕이 된다고 재니스는 말한다. 금연을 위해 모인 니코틴중독자들은 금연을 위해 노력해야 하지만, 금연 성공은 곧 모임의 와해를 의미한다. 니코틴중독자들은 이 모임을 통해 자신이 흡연하는 행위를 인정받고 지지받으며 사회의 부정적인 시선으로부터 보호받는다고 느꼈을 것이다. 그래서 아이러니하게도 니코틴중독자 모임을 계속하기 위해 금연에 성공한 회원을 배척하고, 금연에 실패한 회원을 반기는 비논리적인 집단 생떼 현상이 나타나는 것이다.

다음 장에서는 이런 인간 집단의 특징을 집단 개개인에게 미치는 영향력과 연관시켜 알아보려 한다. 집단심리학에서는 집단의 한 성원에게 미치는 영향력을 크게 두 가지, 즉 다수의 영향력과 소수의 영향력으로 나눠 연구한다. 다수의 영향력은 대세인 집단 다수의 생각과 의견이, 소수의 영향력은 열세인 집단 소수의 생각과 의견이 그 성원에게 영향을 주는 것을 말한다. 흔히 '대세를 따른다', '다수만이 인정받는 세상'이라는 말이 있지만 분야나 시기에 따라 소수의 의견이 가치 있게 여겨지기도 한다. 그리고 한때 소수였던 의견이 세월이 지나 점점 더 영향력을 커져 대세가 되는 것만 보아도 소수의 영향력을 무시할 수 없음을 알 수 있다.

2장

세상을 지배하는 다수

우리는 어느 집단에 속하는지에 따라 다른 삶의 기준과 생각을 갖게 된다. 그중에는 인간이 행동하거나 판단할 때에 마땅히 따르고 지켜야 할 가치판단의 기준인 규범이 있다. 사회학자와 심리학자들은 인간 집단에서 어떻게 이러한 규범이 생겨나고 유지되는지에 관심을 가졌다.

선교사들이 처음 남태평양 섬에 도착했을 때, 폴리네시아 여성들이 상의를 입지 않고 생활하는 데 적잖이 놀랐다고 한다. 보수적인 기독교인 입장에서 이런 모습은 상상할 수 없었다. 또한 폴리네시아인들의 한가로운 일상에 놀랐다고 한다. 이것은 근면, 끈기, 절제를 미덕으로 생각하는 청교도에게는 용납하기 어려운 부도덕한 것이었다. 그러나 폴리네시아인에게는 그런 모습이 문화이고 자연스러운 삶의 방식이다.

황무지에 가까운 척박한 신대륙을 개척해야 했던 선교사들은 인간의 본능과 탐욕을 최대한 줄이고 끊임없이 노력해야 생존에 유리했을 것이다. 그에 반해 온화한 기후 덕에 과일과 물고기 등 먹을 거리가 넘쳐 나는 곳에 사는 폴리네시아인들은 큰 노력을 들이지 않아도, 거추장스러운 옷을 입지 않고도 생활할 수 있었을 것이다.

이렇게 서로 다른 집단을 접하게 되면서 사람들은 '올바로 산다는 것은 무엇인가', '무엇이 도덕적인 것인가', '정상적인 삶이란 무엇인가'와 같은 가치, 태도, 행동이 사회마다 다르며, 사회규범은 절대적인 개념이 아닌 '사회적으로 만들어진socially constructed' 개념이라는 것을 알게 되었다.

영국의 인류학자 제임스 수즈먼James Suzman은 그의 책《일의 역사》에서 인간 삶의 방식이 역사적으로 어떻게 바뀌어 왔는지 보여주었다. 수즈먼에 따르면, 인간이 수렵·채집 사회를 이루고 살았던 구석기시대에는 그날그날 필요한 식량을 구하는 데 드는 시간 외에는 일을 하지 않았다고 한다. 식량을 오래 보관할 수 있는 기술도 없었기에 모든 사람이 조금씩 채집과 사냥을 해서 얻은 것들로 충분했다. 언제, 누가 큰 먹잇감을 사냥하거나 운이 좋게 적절한 채집 장소를 발견할지 등을 알 수 없었고, 반대로 운이 좋지 않아 오랫동안 식량을 얻지 못할 수도 있어 모든 부족원은 자기가 구한 식량과 남이 구한 식량을 공평하게 나누며 살았다. 그렇게 원시시대 인간에게는 개인의 재산이라는 개념이 거의 없었다. 부족이 갖고 있는 진귀한 물건들은 선물이라는 개념으로 서로 돌려 가면서 사용했다고 한다.

그는 지구상에 현존하는 몇몇 수렵·채집 사회에서 부족원과 같이 생활하면서 집필 활동을 했는데, 부족원들이 자기 물건을 허락도 받지 않고 나누어 쓰는 것을 보고 처음에는 기분이 나빴다고 한다. 그러나 부족원끼리 거리낌 없이 남의 식량이나 물건을 가져와서 사용하는 것이 그 사회에서는 자연스런 일이라는 것을 깨닫게 되었다. 사유재산이 없는 사회에서는 아주 적은 자원으로도 모두가 풍족하게 살 수 있는 이러한 행동 양식이 발달한 것이다.

하지만 농경 사회로 접어들면서 비옥한 땅을 가진 사람, 부지런한 사람, 일할 수 있는 건강한 식구가 많은 사람, 농업에 탁월한 재능이 있는 사람 등 개인의 능력이나 처한 환경에 따라 특정 부류는 남보다 조금 더 많은 곡식을 재배할 수 있게 되었고, 이는 사유재산으로 환산할 수 있는 기회를 부여했다.

이렇게 축적된 자본이 있는 사람은 곡식 재배에 시간을 할애하기보다 자신의 재산을 불리는 일이나 다른 사람을 고용하는 일, 더 좋은 가축을 사들이거나 비옥한 땅을 늘리는 데 시간을 할애할 수 있었다. 자본이 없는 사람들은 자기 입에 풀칠하기 바빠 그날그날을 농사일에 매여 살 수밖에 없었다.

열심히 일한 만큼 곡식을 더 많이 수확할 수 있는 농업의 특징은 인간이 필요 이상의 시간을 일에 얽매어 살도록 행동 규범을 바꿔 놓았다. 오늘 먹을 식량뿐 아니라 몇 년 후나 일을 그만둔 후에도 자신과 자식들이 누릴 자원을 계속해서 저장하도록 말이다. 농경 사회에 형성된, 이런 근면함을 미덕으로 여기는 행동 규범은 현대의 산업 사회에서도 사람들을 일터에 잡아 두는 올가미로 작동한다. 오늘날의 인간은 끊임없이 자신을 남과 비교하고, 남보다 더 많이 갖기 원한다. 그리고 남과 같은 또는 남보다 좀 더 나은 것들을 누릴 수 있으리라는 희망으로 잠자는 시간을 제외한 대부분의 시간 동안 일을 한다.

집단에서는 다수의 판단을 기준으로 그 집단의 규범이 형성된다. 그래서 규범은 시대마다, 집단마다 판이하게 다를 수 있다. 어떤 때, 어느 집단에 속하는지에 따라 기준이 바뀌기 때문에 어떤 행동과 판단이 정상이고 비정상인지는 집단을 고려하지 않고는 판단하기 어렵다. 이런 집단의 기준은 어떻게 세워져 집단에 전파되는 것일까?

다수가 믿는 것이 진실이 된다

미국의 심리학자 무자퍼 셰리프Muzafer Sherif는 사람들이 집단 안에서 공통된 믿음을 갖게 되는 과정을 알아보기 위한 실험을 구상했다.

실험은 다음과 같다. 아무것도 보이지 않는 캄캄한 실험실로 세 명의 실험 참가자를 초대했다. 그들은 독서실 책상을 이어 붙여 놓은 듯한 기다란 책상에 나란히 앉았는데, 책상은 각각 칸막이로 나뉘어 있었고 5미터 앞은 벽이었다. 그 벽에는 지름 1밀리미터의 불빛이 비치고 있었다. 참가자들의 임무는 그 불빛이 움직이는지, 움직인다면 어느 만큼 움직이는지 그 거리를 가늠해 말하는 것이었다.

아래의 그래프와 같이 실험 첫날 불빛의 거리를 물었을 때 참가자들은 저마다 거리를 다르게 말했다. 참가자1은 불빛이 약 20센

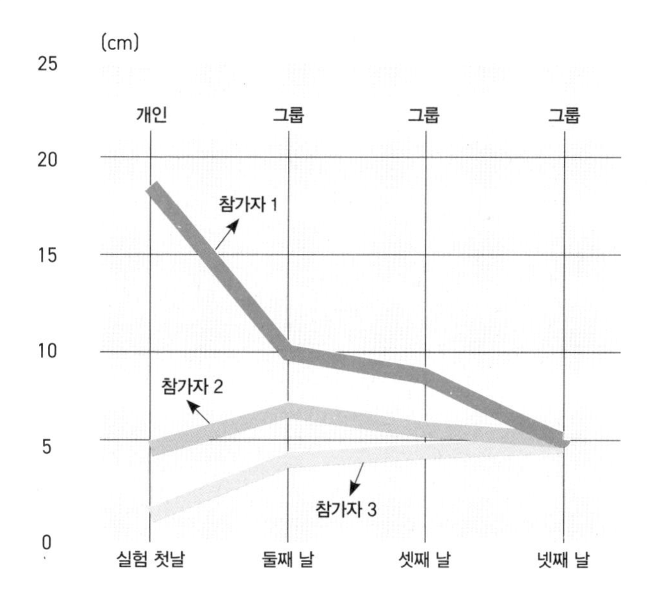

그림5 셰리프의 실험 참가자들이 말한 불빛의 거리.

티미터, 참가자2는 약 5센티미터 움직였다고 했고 참가자3은 움직이지 않는다고 했다. 실험 둘째 날에 참가자1은 불빛이 약 10센티미터 움직였다고 했고, 참가자2는 약 6센티미터, 참가자3은 약 5센티미터 움직였다고 했다. 실험 넷째 날에 이르자 모두 같은 답을 했다. 불빛이 약 5센티미터 정도 움직인다고 말이다. 실험 첫날에는 각자의 판단을 고수했던 참가자들이 실험이 거듭되면서 다른 사람들에게 영향을 받은 것을 알 수 있다. 참가자들은 보통 적게는 약 2.5센티미터, 많게는 약 12센티미터만큼 불빛이 움직인다고 보았고, 이는 그들을 따로 불러내 불빛이 어느 만큼 움직이는지 물어보아도 바뀌지 않았다.

그런데 이 실험에는 숨겨진 사실이 하나 있다. 실험 내내, 모든 참가자가 본 불빛은 한 번도 움직인 적이 없다. 인지심리학에 자동운동현상이라는 것이 있는데, 이는 어두운 곳에서 고정된 작은 불빛을 보고 있으면 그 불빛이 움직이는 것처럼 보이는 착시 현상을 말한다. 이처럼 이 실험에서 참가자들이 갖고 있는, 현실과 동떨어진 판단이 집단에서 하나의 규범으로 통용되는 현상이 나타난 셈이다.

또한 이렇게 만들어진 집단 규범이 어느 만큼 오래 유지되는지 알아보기 위해 실험 참가자를 한 명씩 빼고 새로운 참가자를 넣어가며 실험했다. 이때 여덟 번에 걸쳐 기존 참가자 모두가 새로운 참가자로 교체될 때까지 집단의 규범이 유지되었다.[11] 착시 현상을 겪는 집단이 그것으로 잘못된 믿음을 만들어 냈고, 그 잘못된 믿음은 참가자 구성이 여덟 번 바뀌는 동안에도 유지가 된 것이다.

학생들에게 이 내용을 강의할 때면, 실험 참가자가 자신의 판단이 확실하지 않다고 생각했기 때문에 남의 의견을 따랐을 것이라고 말하는 학생도 있다. 캄캄한 방 안에서 불빛이 어느 만큼 움직이는지 알아내는 것은 어렵기 때문에 남의 의견을 따랐을 수도 있다. 그렇다면 자신이 정답을 확실히 알고 있는 경우에는 어떨까? 자신의 판단이 100퍼센트 옳고 다수의 판단이 틀렸을 때 사람들은 자기 의견을 이야기할까? 예를 들어 당신을 제외한 대다수 사람이 콩을 팥이라고 한다면 당신은 자신이 옳다고 생각하고 이들에게 그 생각을 이야기할 수 있을까?

미국의 사회심리학자 솔로몬 애시Solomon Asch는 잘 알려진 동조 실험conformity experiment을 통해 답을 밝혀냈다. 이 실험에는 한 명의 실제 실험 참가자와 여러 명(3~6명)의 실험 도우미(연기자)가 참가한다. 참가자들은 이 실험은 시각 인지와 관련된 문제에 답하는 것이며, 그림6과 같은 표를 보고 각 실험마다 X와 같은 길이의 선이 무엇인지 대답하면 된다는 설명을 듣는다. 이 실험에서는 실험 참가자의 의자를 미리 배치해서 항상 다수의 실험 도우미가 먼저 대답하고 실험 참가자는 맨 나중에 대답하게 했다. 그러면서 실험 참

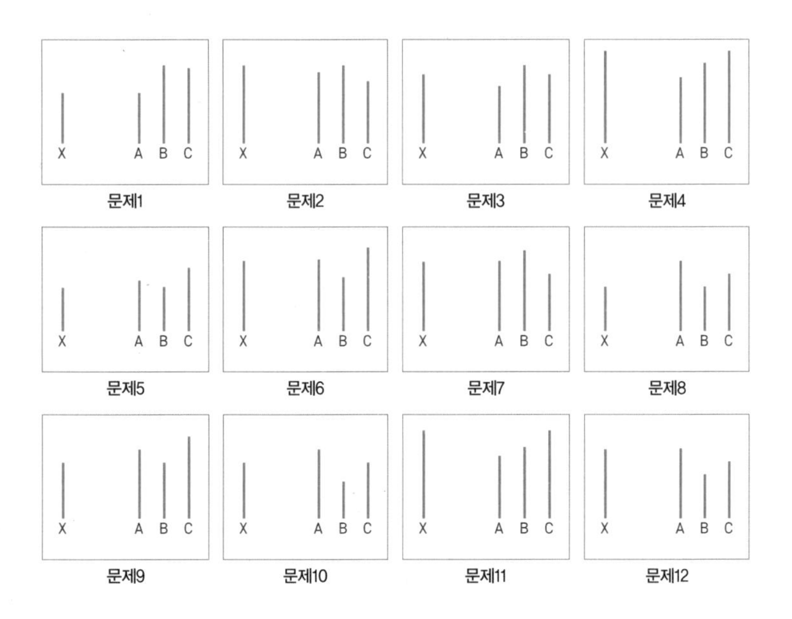

그림6 애시의 동조 실험에서 참가자들에게 주어진 문제

가자가 자신과 다른 다수의 실험 도우미는 어떤 대답을 하는지 알게 했다. 문제는 시력이 정상이라면 맞게 대답할 정도로 아주 쉽다.

당신이 실험 참가자라면 문제1에서는 A, 문제2에서는 B를 답으로 말할 것이다. 그런데 먼저 대답하는 실험 도우미들이 모두 문제1에서는 B, 문제2에서는 C라고 말한다면 어떨까? 실험에서는 참가자의 76퍼센트가 남의 의견을 따라 틀린 답을 이야기했다. 자신이 확실히 아는 문제에서도 사람들은 다수의 의견을 따라 틀린 답을 말한 것이다. 실험 후, 애시가 참가자들을 인터뷰했을 때 이들은 다수와 다른 답을 하기가 두려웠다고 했다. 계속 자기 의견이 다수와 다르니 혹시 자기가 잘못 생각하고 있나 하는 의문도 들었다고 한다.

강의 중에 셰리프와 애시의 실험을 소개할 때면 이렇게 의문을 제기하는 학생들이 있다. "이 실험은 별로 중요하지 않은 일로 한 거잖아요? 솔직히 암실에서 불빛이 어느 만큼 움직이는지 누가 상관하겠어요? 그게 어떤 중요한 의미가 있는 것도 아니니 그냥 생각 없이 남의 의견을 따른 거죠", "어떤 선이 긴지 짧은지는 자기한테 별로 중요하지 않은 시시한 문제잖아요. 그러니까 그냥 남이 말하는 대로 하는 거예요. 그 상황을 모면하려고 그런 거 같은데요?"

그렇다면 좀 더 중요하고 어려운 일을 결정할 때 사람들은 다수의 의견보다 자신의 판단을 믿을까? 과연 사람들은 자기 소신대로 결정할까?

망하더라도 다수

미국의 심리학자 로버트 배런Robert S. Baron과 공동 연구자들은 실험을 통해 중요하고 어려운 일에서 사람들이 다수의 의견보다 자신의 판단을 따르는지 연구했다.[12] 이 실험에서 실험 참가자들은 범죄 목격자 역할을 맡았는데, 연구자들은 참가자들에게 범죄 현장을 목격한 사람의 증언이 얼마나 정확한지 평가하는 것이 실험의 목적이라고 알려 줬다. 앞서 애시의 실험처럼 참가자 중에는 실험 도우미들이 섞여 있고, 이들은 이구동성으로 실험 참가자가 생각하고 있는 사람이 아닌 다른 사람이 범인이라고 말했다.

연구자들은 참가자들에게 두 가지 실험 조건을 적용했다. 하나는 실험의 난이도였는데, 한 집단의 참가자들에게는 용의자의 사진을 약 5초 동안 살펴보게 했고, 다른 집단의 참가자들에게는 용의자의 사진을 1초 이내로만 보게 했다. 그러고 나서 범인을 포함한 여러 명의 용의자를 한 줄로 세워 누가 자기가 본 범인인지 지명하게 했다.

또 하나의 실험 조건은 실험의 중대성이었다. 한 집단의 참가자들에게는 실험의 의도가 사람들이 얼마나 사물을 잘 인식하는지 파악해 증언의 정확성을 테스트하는 프로그램의 기초 자료를 만드는 것이라고 설명하면서, 실험의 중대성을 낮게 인식하게 했다. 다른 집단의 참가자들은 실험의 중대성이 높다고 느끼게 하는 설명을 들었다. 경찰청에서 이 실험 결과를 목격자 식별 검사를 위한 기준을 마련하는 데 중요한 자료로 쓸 것이기 때문에 최선을 다해 정확하게 말해 달라고 하면서, 질문에 정확하게 답한 참가자에게는 상금 20달러를 주겠다고 한 것이다.

실험 결과, 참가자들은 실험의 난이도가 높고 실험의 중대성을 높게 인식할수록 남의 의견을 따랐다. 이는 애시의 실험에 대해 "시시한 일이라서 다수의 의견에 쉽게 따랐기 때문이다"라고 이야기한 학생들의 의견에 반하는 결과다. 사람들은 사안이 시시해서 다수의 의견을 따르는 것이 아니었다. 오히려 사람들은 사안이 중대하고 결정하기 어려운 일에서 더욱더 자기 의견보다 다수의 의견을 따랐다.

이번 휴가는 어디로 가고 싶은지와 같이 사안이 그리 중하지 않은 문제들은 남의 의견보다는 자기 뜻대로 결정을 내리기 쉽다. 어렵고 중요한 문제일수록 더 많은 것을 알아야 하는데, 이때 개인은 인지적인 한계를 느낀다. 열심히 일하며 모은 돈을 코인에 투자할까 하지만 코인 시장이 어떻게 돌아가는지, 앞으로 어떻게 될지는 개인이 확신을 갖고 전망하기 어렵다. 게다가 10년을 일해서 모은 자금의 미래를 결정하는 일은 매우 중요하다. 그래서 혼자서 결정하기보다는 남이 어떻게 생각하는지 알아보고, 조언을 구한다. 심지어 자신이 제일 잘 알 수 있는 질문, 예를 들어 '어떤 직업을 가지면 행복하게 살까?', '결혼을 해야 할까 말아야 할까?', '사이가 좋지 않은 남편과 이혼하지 말고 참고 살아야 하나?'와 같은 중대하고 어려운 문제들에서도 그렇다. 사람들은 자기 생각이 제일 중요한 일에서도 본인의 생각보다는 인생을 더 살아 본 다른 사람들의 의견에 의존하기도 한다.

인간이 살아가는 데서 실체나 진실은 우리가 생각하는 것만큼, 적어도 남의 의견만큼 중요하지 않은 듯하다. 내가 사실과 진실을 알고 있더라도 내가 속한 집단이 그렇지 않다고 한다면, 그렇지 않은 것으로 단정한다. 얼마 전 넷플릭스 다큐멘터리를 통해 조명된 사이비 종교 집단에서 말하는 주님과 가까워지는 길, 천국으로 가는 길, 주님의 말씀에 순종하는 일 등은 상식과 거리가 멀다. 하지만 이런 집단에서 행해지는 기괴한 행동과 생각은 그 집단에서 힘을 갖고 옳은 행동으로 정의된다. 이들 집단에서는 사이비 종교 집단이 잘못되었다고 말하는 피해자들에게 악마의 프레임을 씌워 그들을 핍박한다.

애시의 동조 실험에서 혼자만 정답을 알고 있었던 실험 참가자는 오답을 말하는 집단에 속해 있었을 때 자신의 눈이나 머리가 이상해진 건지, 자신이 비정상인지 심각하게 고민했다고 한다. 다수와 의견이 다를 때 우리는 이렇게 자신에게서 원인을 찾는다.

치알디니가 실험한 두 개의 안내문

인간이 다수의 행동이나 의견을 따르는 특성은 사회질서 유지나 환경보호를 위한 캠페인에 종종 쓰인다.

미국의 심리학자 로버트 치알디니Robert Cialdini는 한 호텔의 의뢰로 환경보호를 위해 투숙객에게 수건 재사용을 유도하려면 어떤 메시지가 효과적인지 실험했다. 그 결과 "수건을 세탁하는 데에 수자원이 낭비되고 있습니다. 환경보호를 위해 수건을 재사용해 주세요"라고 호소하는 메시지보다 "수건을 세탁하는 데에 수자원이 낭비되고 있습니다. 70퍼센트의 손님이 수건을 재사용하고 있습니다"라며 다수 사람이 이렇게 행동한다고 알리는 메시지가 훨씬 더 높은 재사용률을 보였다. 더 많은 사람이 수건을 재사용한다고 얘기했을 뿐인데 직접적으로 재사용해 달라고 호소하는 것보다 더 많은 사람이 따랐다. 남이 어떻게 행동하는지가 본인이 옳은지 여부를 가리는 기준이 되는 것을 보여 준 셈이다.

이렇게 남의 행동은 우리에게 많은 영향을 미친다. 집단생활에 잘 적응하도록 진화해 온 결과, 우리는 남이 하는 것을 자신도 모르게 무의식적으로 따르는 경향이 있다. 다수의 행동과 생각을 따르는 인간의 습성은 인류가 빠르게 변화하고 발전할 수 있는 토대를 마련해 주었다.

또한 데닛은 남의 행동과 의견을 쉽게 받아들이는 특성 덕분에 인류가 짧은 시간 안에 눈부신 발전을 이룰 수 있었다고 말한다.

뉴튼의 법칙을 이해하는 사람은 많지 않지만, 대부분의 사람은 엘리베이터나 에어백 같이 그 법칙을 이용한 많은 신문물을 사용하고 퍼트리는 데 거리낌이 없다. 따라 하는 데에는 이해나 생각이 필요 없기 때문이다. 소수의 과학자가 만든 컴퓨터나 스마트폰과 같은 과학기기의 원리를 이해하지 못해도 우리는 스마트폰을 사용하는 데 아무런 무리가 없다. "왜?"라고 묻지 않고 따라 하기 때문이다.

또한 이런 특성은 우리가 자신의 행동과 믿음이 다수에서 비롯되었다는 것을 알지 못한 채 행동하고 있다는 것을 말해 주며 이는 다음의 예에서 보듯 나쁜 행동을 퍼뜨리는 데에도 적용된다.

미국 애리조나주의 한 석화림 자연보호구역은 등산객들이 석화된 나무인 석화목을 몰래 가져가는 통에 골머리를 앓고 있었다. 이 석화목은 몇 천 년 동안 나무와 화산이 만나 만들어진 특이하고 아름다운 자연물인데, 이 나무가 집안 장식물이나 여행 기념품으로 적당하다고 생각한 등산객들이 하나둘씩 가져가기 때문이다. 보통 5퍼센트의 방문객이 석화목을 가져가는데, 수많은 사람이 이곳을 방문하는 만큼 시간이 지날수록 상당한 양의 석화목이 없어져 석화림은 본래의 아름다움을 잃어 갔다.

이 문제로 어려움을 겪고 있던 애리조나주 환경관리청은 석화림 훼손을 막기 위한 안내문을 작성하기 위해 치알디니와 그의 연구팀의 자문을 구했다. 치알디니의 연구팀은 방문객들이 자주 다니는 세 곳을 지정해 미리 준비한 20개 석화목 조각을 안내문 주위에 놓아두었다. 그러고는 한 안내문당 두 시간씩 주말마다 다섯 번씩 바꾸어 가면서 세 곳에 번갈아 배치하기를 5주 동안 했고, 안내문이 배치된 두 시간 동안에 몇 개의 석화목이 없어지는지 관찰했다.

안내문 중 두 개는 아래와 같았다.

안내문1 이 공원에서 석화목을 가져가지 말아 주세요.

안내문2 많은 등산객이 석화목을 가져가서 숲이 훼손되고 있습니다.

두 안내문의 의도는 같다. 석화목을 가져가는 일이 나쁘니 하지 말아 달라는 것이다. 안내문1이 직접적인 호소문이라면 안내문2는 경각심을 불러일으키는 문구로 서술했다. 어떤 안내문이 더 효과가 있었을까?

평소에는 석화목의 절도율이 5퍼센트 정도였는데, 안내문1이 있었을 때에는 1.67퍼센트, 안내문2가 있었을 때에는 7.92퍼센트였다. 놀랍게도 절도를 막기 위한 안내문이 오히려 절도를 부추겼다 (다른 안내문들은 절도율을 크게 낮추거나 높이지 않았다).

이는 많은 사람이 석화목을 가져간다는 정보를 인지하자마자 더 많은 사람이 그것을 따랐다는 것을 보여 준다. 그리고 안내문2를 읽고 석화목을 가져간 사람들을 조사한 결과, 대부분이 안내문에서 다른 사람이 한다고 해서 자기도 했다는 사실을 인지하지 못했다. 대다수 사람은 "나무가 예뻐서 간직하려고", "아무도 보는 사람이 없어서" 등 다른 여러 이유를 자기 행동의 근원이라고 믿고 있었다. 하지만 다수가 나쁜 일을 한다는 정보를 본 사람들은 자신이 왜 그렇게 행동하는지도 모른 채 무의식적으로 다수가 저지르는 나쁜 행동을 따르는 것이다.

공원 관계자와 방문객 등을 대상으로 설문 조사를 했을 때에도 대부분의 사람이 안내문2가 절도를 줄이는 데 효과적일 것이라고 예상했다. 많은 사람이 나쁜 행동을 한다는 것을 서술함으로써 경각심을 불러일으켜 그 행동이 지양되리라고 믿은 것이다.

치알디니는 논문에서 안내문2와 같은 안내문을 사용하는 정부기관이 여전히 많다며 실망감을 표했다.[13] 그에게 연구를 의뢰한 애리조나주 환경관리청 사람들조차도 그의 연구 결과에도 불구하고 안내문1과 2를 섞어 놓은 (그래서 효과가 없는) "많은 사람이 석화목을 가져가서 산림을 훼손하고 있습니다. 석화목을 가져가지 말아 주세요" 같은 메시지를 사용하기로 결정했다고 한다. 그가 한 많은 연구가 다수의 행동은 그것이 좋은 행동이건 나쁜 행동이건 간에 그 행동을 더 따르게 하고 부추긴다는 사실을 보여 주었는데도 말이다.

토론이 편견을 강화할 때

내가 고등학생 때, 사이비 종교 집단이 기승을 부린 적이 있었다. 이들은 1999년에 Y2K(컴퓨터가 2000년 이후의 연도를 제대로 인식하지 못하는 결함인 '밀레니엄 버그'를 말한다)로 인해 인류가 종말을 맞으며, 이 종말에 관한 기록은 몇 천 년 전 메시아가 남긴 예언이라고 주장했다. 즉 인간 사회를 둘러싼 거의 모든 시스템이 작동을 멈춰 인간이 생존할 수 없다고 한 것이다. 신도들은 교회나 어떤 특정한 장소에서 무릎을 꿇고 눈물을 흘리며 다시 하늘로 올라가게 해 달라고 밤낮으로 기도했다. 당시 한 시사 프로그램에서는 이런 종교 집단 사람들을 보여 주면서 왜 인간이 집단으로 뭉쳤을 때 이런 행동을 하는지 다루기도 했다.

내 눈에도 이런 일이 일어난 이유와 이를 믿는 사람들이 정말 신기해 보였다. 한 사람의 아이큐가 100(아이큐의 평균값은 항상 100이다)이라면, 그리고 집단이 10명으로 구성됐다면 집단의 아이큐가 100×10=1,000은 아니더라도 최소한 평균이나 그 이상은 되어야 하는 것 아닌가. 열 사람 중에 한 사람이라도 정보를 조금이라도 이해할 능력이 있다면, 이런 얼토당토않은 일을 믿고 따를 리가 있을까? 한 사람도 아닌 다수의 사람이 모여서 이런 비상식적·비이성적 행동을 한다는 것이 믿기 어려웠다.

이런 극단적인 집단 행동이 벌어지는 여러 요인이 밝혀졌지만, 이와 관련하여 심리학자들은 집단 극화group polarization를 집중적으로 연구했다. 이는 개인의 의견이 자기 집단의 다른 사람들의 의견과 합치될 때 그것이 극단적으로 치닫는 현상을 말한다. 집단 토론은 개인의 편견이나 고정관념을 없앨 것이라는 생각과는 반대로, 저마다의 편견과 고정관념을 더 강화시켜 집단 성원의 생각을 극단화한다.

추석 때 일가친척이 모여 정치가나 연예가의 이런저런 가십을 이야기하는 기회가 생겼다고 해 보자. 친척들은 요즘 화제가 되는 정치인A에 관해 이야기한다. 당신은 평소 A를 좋아하지 않고 관심도 별로 없다. 다른 친척도 A에 대해 좋지 않은 견해 또는 당신보다 조금 더 좋지 않은 견해를 갖고 있었다면, 이야기를 나누고 나서부터 당신과 친척들은 곧 A에 대한 좋지 않은 견해를 같이한다는 사실을 알게 되고 서로 이런 견해를 뒷받침하는 새로운 정보와 소식을 접하게 된다.

큰아버지: 내가 A의 초등학교 동창이랑 저번에 어떤 자리에서 만난 적이 있는데 말이야, A가 학교 다닐 때 다른 친구들을 못살게 굴었다고 하더라고.

추석 가족 모임이 없었다면 접하지 못했을, 큰아버지의 이런 정보는 A에 대한 당신의 견해를 더욱더 나쁘게 한다. 이때 아버지가 큰아버지를 거든다.

아버지: 사람은 안 변한다잖아요? 지금 하는 짓거리와 똑같지 않습니까? 무슨 그런 사람이 정치인이라고, 내원참.

아버지는 새로운 정보를 말하지는 않았다. 하지만 아버지도 자신과 같은 의견임을 알게 되니 당신은 왠지 마음이 놓이면서 A에 대한 반감이 더 강해진다. 처음엔 A에게 약간의 부정적 감정만 있었지만 친척 집단과 이야기를 나누면서 '그것 보라니까! A는 정치를 하면 안 돼. 완전 나쁜 사람이야!'라는 식으로 A에 대한 평가가 극단적으로 바뀐다.

이런 극화는 아주 작은 원리로 시작된다. 그것은 자기 의견이 남과 비슷하다고 믿는 심리, 자신의 판단과 믿음, 그리고 결정이 다수의 사람과 비슷하다는 착각에서 비롯한다. 남을 위해 희생하거나 아주 큰 용기를 낸 사람들을 인터뷰했을 때 그들은 자신들은 특별한 사람이 아니며 다른 사람도 그 상황에 부닥쳤다면 당연히 그렇게 했을 것이라고 답하는 경우가 많다. 또한 돈을 훔치거나 사기를 치는 사람들을 조사한 결과, 그들은 다른 사람도 기회가 있다면 당연히 자기와 같은 행동을 할 것이라고 대답했다.

비슷한 사람이 뭉쳐서 집단을 이루기에 사람들은 더욱더 자신이 속한 집단은 자기와 의견이 비슷하다고, 아니 그래야만 한다고 생각한다. 그래서 같은 집단의 성원이 다른 의견을 갖고 있으면 훨씬 더 심하게 그에게 압력을 가한다. 이런 이유로 같은 집단 성원은 이견이 있어도 자기 소신을 말하기보다 다수의 의견으로 자기 의견을 쉽게 바꾼다.

다수의 의견과 행동을 사람들이 의식적·무의식적으로 받아들이

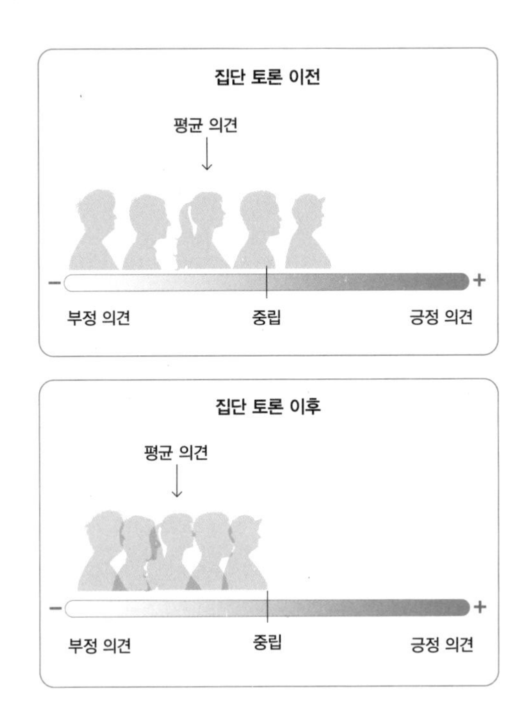

그림7 집단 토론 이후 집단 극화 현상이 더 강해짐을 보여 주는 그래프.

는 것은 사람들이 같은 집단에 속할 때 훨씬 더 심해진다. 또한 자기 의견이 집단과 비슷하다고 믿으면서 집단의 결정과 판단이 극단화되는 경우가 많다. 예를 들어 보수주의 성향의 사람들이 모여서 토론한다면, 그 집단은 토론 후에 훨씬 더 높은 보수주의 성향을 보인다. 마찬가지로 진보주의 성향의 사람들이 모여서 토론한다면, 그 집단은 토론 후에 훨씬 더 높은 진보주의 성향을 보인다.

그림 7의 위 그림을 보면 인종 편견을 갖고 있는 집단의 사람들이 모여서 토론을 하기 전에는 다른 인종에 대한 의견이 부정, 중립, 긍정 의견에 분포했음을 알 수 있다. 하지만 집단 토론 이후에는 그림 7의 아래 그림과 같이 집단원들이 모두 부정 의견으로 쏠렸다. 이는 집단 토론 이후 인종 편견이 더 심해졌다는 연구 결과를 보여 준다. 그리고 마찬가지로 인종 편견에 반대하는 집단의 사람들이 모여서 토론을 한 후에는 토론 이전에 비해 인종 편견 반대 의견이 더 강해졌다는 연구 결과가 나왔다. 이와 같이 집단 극화는 어떤 사안에 중도적 의견을 가진 사람도 집단에 속하면 집단 다수의 의견으로 더 쏠리는 현상을 나타낸다.

이런 집단 극화 현상은 온라인에서도 나타난다. 인터넷에서는 많은 정보를 빠르고 쉽게 공유할 수 있어 많은 대학 강의 자료와 과학 연구 자료도 쉽게 찾아볼 수 있다. 인터넷이 처음 상용화되었을 때 우리는 인터넷이 인류를 통합하고 발전시킬 것이라고 예상했다. 온라인에서는 상대가 어느 집단에 속하는지 알지 못하니 서로 예의를 지켜 대화할 것이고, 집단에 대한 편견에서 벗어나 실제적 근거를 토대로 특정 주제에 대해 합리적으로 토론할 것이라고 말이다.

하지만 불행하게도 자기 생각보다 남의 의견을 따르는 사람들, 그리고 그들이 만드는 집단 극화 현상은 의견이 비슷한 사람들이 모이는 온라인 커뮤니티에서 훨씬 더 쉽게 일어난다. 자기가 생각하지 못한 아이디어나 접하지 못한 정보도 다른 집단 성원들이 가져오고 서로 알기 쉽게 설명도 덧붙일 수 있으니 말이다. 조금 더 자극적이지만 조금 덜 정확한 루머들이 온라인에서는 얼굴을 알지 못하는 집단 성원들 사이에서 쉽게 퍼진다. 집단이 이미 믿고 있는 의견에 일치하는 정보들은 "좋아요" 버튼을 타고 올라가고, 집단의 의견에 반하는 정보들은 관심을 끌지 못하고 묻혀 버린다.

소수 의견을 가진 사람들도 인터넷에서는 더 이상 혼자가 아니다. 그곳에서는 소수 의견자들이 모여 그들이 다수가 되는 집단이 만들어진다. 코로나 백신 접종에 반대하는 사람들은 사회 전체로 보면 소수이지만 함께 온라인상에서 자신만의 집단을 만들어 다수가 되기도 한다.

그들은 곧 온라인 커뮤니티에서 극단화를 진행한다. 예를 들어 백신을 맞고 몇 달을 아팠던 경험이 있던 사람이 '백반사(백신을 반대하는 사람들의 모임)' 회원이 되면 백신을 맞고 일주일 안에 목숨을 잃은 가족이 있는 사람, 백신의 부작용을 연구하는 사람, 해외에서 발표되는 백신 부작용 정보에 훤한 사람들을 접하게 된다. 처음에는 '백신을 맹신하면 안 된다'는 정도의 생각으로 가입했던 회원도 자기보다 더 심하거나 세계적으로 퍼져 있는 부작용 사례를 접하면, 백신을 향한 불신이 더 깊어진다. 그렇게 집단 전체가 극단으로 치닫는다.

그림8은 인터넷이 상용화된 1990년대 초반부터 2014년까지 미국의 대표적인 열 개 쟁점에 대한 미국 민주당과 공화당 지지자들의 견해차가 점점 양극화되는 현상을 보여 준다. 1994년에 두 정당은 중요 쟁점에서 견해차가 그리 크지 않았지만, 2014년에는 견해차가 커져서 비슷한 의견을 공유하는 확률이 훨씬 낮아졌다. 이 현

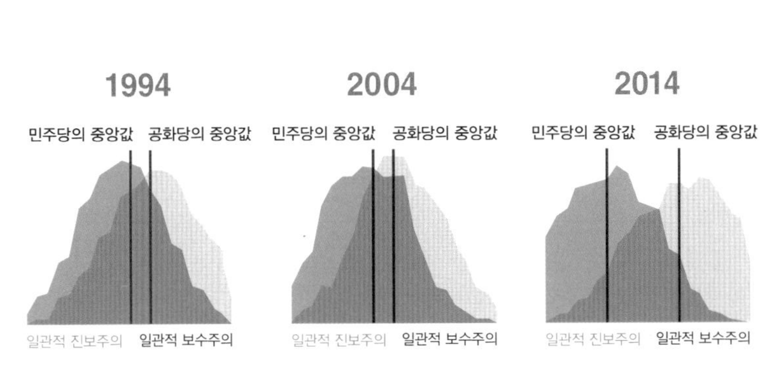

그림8 지난 20년간 미국 민주당과 공화당 지지자들의 견해차가 점점 양극화되는 현상.

상은 점점 더 빨라지고 있으며 전 세계적으로 확대되고 있다.

같은 기삿거리인데도 보수 매체와 진보 매체는 각각의 정치 성향에 따라 그것을 약간씩 다르게 분석하는 기사를 낸다. 그런 신문을 즐겨 읽는 독자들은 자기가 속한 집단이 기사를 어떻게 바라보는지 직감적으로 알아챈다. 기사 아래 달린 댓글들을 보면, 하나같이 한쪽은 치켜세우고 다른 한쪽은 깎아내리는 말들이다. "좋아요"를 제일 많이 받은 댓글은 예상대로 그 신문사의 성향을 가장 잘 표현한 말들이다. 즉 정치색이 다른 매체들이 같은 사실을 다르게 해석하며 경쟁적으로 자신들의 해석을 부각하는데, 이런 극단화가 독자 사이에서도 똑같이 재현되는 것이다.

다수의 순기능

인터넷에서 집단이 가짜 뉴스를 퍼뜨리거나 죄 없는 사람을 모함하는 등 모두 비도덕적으로만 움직이는 것은 아니다. 인터넷은 도구일 뿐 그것을 어떻게 쓰는지에 따라 순기능도 작용한다. 착한 일을 많이 하고 주변의 어려운 이웃을 돕는 가게 주인이 있다면 예전 같으면 "참 좋은 사람이네" 하며 소수만 알고 있었겠지만 그 선행이 인터넷에 퍼지면 가게를 이용해 그를 돕는, 이른바 '돈쭐'을 내는 사례도 많다. 또한 전혀 모르고 넘어갔을 학교 폭력과 성폭력 범죄자가 밝혀지기도 한다.

보통 학교 폭력 또는 성폭력 가해자나 그 무리는 마치 피해자가 잘못해서 폭력을 당하는 것처럼 피해자를 가스라이팅한다. 주변 사람들도 피해자의 호소를 대수롭지 않게 여기며 "네가 예민한 거야", "나한테는 안 그러던데?", "걔가 다른 사람들한테는 평판이 좋더라"라는 말로 상처를 주면서 가해자가 죗값을 받게 하겠다는 피해자의 의지를 꺾어 버린다. 이런 말을 들을 때면 내가 하는 말이 있다. "연쇄살인범도 만나는 사람 모두를 죽이는 건 아니야." 가해자들은 희생양으로 삼을 만한 피해자를 골라 그에게 폭력을 가한다. 그들의 희생양은 한 사람만이 아니다. 그들은 늘 또 다른 희생양을 찾는다.

2017년 〈뉴욕타임스〉는 할리우드의 유명한 영화제작자 하비 와인슈타인Harvey Weinstein의 성폭력을 고발하는 기사를 보도해 #미투MeToo 운동에 불을 지폈다. 유명 여배우이자 사회운동가인 알리사 밀라노Alyssa Milano는 자신의 트위터에서 자신도 성폭력 피해자임을 밝히면서 성폭력 피해를 입은 사람들이 있다면 자신의 트윗에 'me too'로 댓글을 달아 달라고 호소했다. 하루 만에 수만 명이 #metoo 댓글을 달기 시작하면서 온라인에서 화제가 되었다.

얼마나 많은 사람이 성폭력을 당했는지 보여 주는 이 사건에 전 세계가 큰 충격을 받았다. 성폭력 피해자들은 또 다른 피해자가 생기는 일을 막기 위해 힘을 내 폭력에 대항하는 목소리를 냈다. 처음 한두 명의 피해자가 나왔을 때는 사실이 아니라고 발뺌하던 가해자들도 피해자가 이어져 나오자 설 자리를 점점 잃었다.

이렇게 인터넷에서 집단에 의해 확산되는 파문은 좀처럼 사그라지지 않는다. 꼬리의 꼬리를 물고 끈질기게 영향력을 이어가는 것이 집단의 특징이기 때문이다. 할리우드 제작자를 상대로 들고일어났던 성폭력 피해자 집단이 이제 미국 전역의 정부 기관, 기업들을 상대로 일어섰다. 미국에서는 미투운동 이후 성폭력 상담 전화가 30퍼센트 늘었다. 많은 피해자가 세상에 자신의 이야기를 내놓기 시작했다.

대기업들은 성폭력에 관한 대대적인 설문 조사를 실시했고 나이키는 이를 바탕으로 여섯 명의 최고 임원진을 해고했다. 미국 22개 주에서는 더 강력한 성폭력 제지법을 통과시켰는데, 새로운 법률에는 가해자가 피해자와 합의하는 것 자체를 금지하는 내용도 포함되었다. 미투운동은 성폭력 문제뿐 아니라 성평등에도 영향을 미쳤다. 미투운동 1주년 특집 기사에 따르면 미투운동으로 2백여 명의 사회 유명 인사(언론인, 예술인, 정부 고위 관리, 정치인)가 직위를 잃었고, 이들 자리에 여성이 올랐는데 그 비율이 43퍼센트나 되었다고 한다.

다수에 휩쓸리지 않으려면

어느 마케팅 회사에서 임원진을 중심으로 위원회를 꾸려 내년 상반기 전략 회의를 했다. 위원 다섯 명 중 네 명은 가격을 내리고 판매처를 늘려 다수의 소비자에게 접근하는 전략을, 한 명은 가격을 올리고 판매처를 줄여 특정 계층의 소수 소비자를 공략하는 전략을 지지했다. 위원회는 토론 끝에 전략을 결정했고, 전략과 결과를 조합하여 다음 네 가지 경우를 도출했다.

경우1 다수 의견으로 결정했는데 그 전략이 맞지 않아 회사가 어려움을 겪는 경우

경우2 다수 의견으로 결정했는데 그 전략이 맞아 회사가 이득을 보는 경우

경우3 소수 의견으로 결정했는데 그 전략이 맞지 않아 회사가 어려움을 겪는 경우

경우4 소수 의견으로 결정했는데 그 전략이 맞아 회사가 이득을 보는 경우

경우1과 경우3을 보면, 둘 다 결과가 회사에는 부정적이다. 하지만 경우1에서는 실패의 책임을 네 명의 임원이 나누고, 경우3에서는 그 책임을 한 명의 소수 의견자가 오롯이 져야 한다. 그 경우 다수의 차가운 시선을 소수는 피하기 힘들다. 이런 일은 일상에서도 흔

히 일어난다.

한때 아이가 36개월이 될 때까지 엄마가 밀착 육아를 해야 아이의 뇌 발달에 좋다는 말이 있었다. 하지만 아이의 지능, 성격, 체력 등은 아주 많은 부분 유전자에 의해 정해진다. 엄마가 일을 하느라 할머니나 이모의 도움을 받아 키우는 것이 과연 나중에 아이의 정서 발달에 해가 될까? 별로 설득력 없는 논리다. ADHD주의력 결핍 및 과잉행동 장애 같은 장애는 육아 환경보다는 유전적인 요인과 더 많이 연관되기 때문이다.

그런데 만약 어떤 엄마가 집에서 아이를 돌보라는 주변의 조언을 무시하고 직장에 나갔고 아이를 두 살 때부터 어린이집에 보냈는데 아이가 나중에 ADHD 진단을 받는다면 주변에서는 뭐라고 이야기할까? 아마도 다수의 말을 듣지 않고 어린이집에 보내서 그렇게 됐다며 엄마를 나무라는 사람이 있을 것이다. 반면 다수의 말을 듣고 집에서 아이를 키웠는데 아이가 ADHD 진단을 받았다면 "그러게 애는 엄마가 키워야 한다니까!"라는 질타는 피할 수 있다.

나도 다수의 의견에 저항해 본 적이 있다. 당시 대학을 다니던 중인 20대 초반에 결혼을 결심했는데 그때 다수의 압력은 정말 대단했다. 주변 모든 사람이 앞다투어 반대했고, 내가 학업을 곧 그만둘 것이라고 말하는 사람도 있었으며, 후회하면서 분명히 3년 안에 이혼할 것이라고 호언장담하는 이도 있었다. 사랑이 뭔지 몰라서 저런다며 혀를 차며 안타까워하는 사람도 있었다.

결혼한 다른 부부들처럼 처음에는 헤어질 일이 절대 없으리라 믿지만 살다 보면 예측하지 못한 일들이 일어날 수 있다. 만약 우리 부부가 그런 예상치 않은 난관을 만나 헤어지거나 불행에 빠진다면, 다수의 의견을 거스르고 내린 결정이기에 내 편은 아무도 없을 것 같은 불안감이 들었고 "거 봐! 내 말이 맞지?"라는 다수의 비웃음을 받을까 봐 두려웠다.

다수가 내 불행을 바라지 않는다는 것은 알지만 만약 이혼한다면 다수 입장에서는 자기 판단을 뒷받침하는 증거가 하나 더 생기는 셈이다. 반대로 다수의 말을 들었을 때는 다수의 의견이 틀렸거나 결혼생활이 실패로 끝나더라도 다수는 내 지지자가 되어 준다. "몰랐어요. 남들이 다 그래서 저도 그래야 하는 줄 알았어요"라며 다수의 기세에 밀려 결정한 과정을 이야기하면 다수도 수긍한다. 이렇게 '우리 전부, 대부분 다 그렇게 하니까'라는 것은 완벽한 변명이자 실질적인 이유로 받아들여진다.

다수가 당신의 의견을 받아들이지 않을 때 어떻게 해야 자기 판단이 옳은지 알 수 있을까? 일단 어떤 것이 옳은 판단인지 그 기준을 스스로 정해야 한다. '좋은 부모 되기'가 판단의 대상이라면 어떤 부모를 좋은 부모라고 할 것인가? 아이가 자랑스러워하는 부모, 아이와 친구같이 교감하는 부모, 아이를 위해 희생하는 부모

등 좋은 부모를 말하는 다양한 기준이 있다. 이것을 기준으로 다수 의견자가 말하는 주장의 이유와 각 이유의 타당성을 꼼꼼히 살펴봐야 한다. 다수가 순전히 자기들이 그렇게 살지 않는다는 이유만으로 반대하는지, 아니면 어떤 근거를 갖고 반대하는지 말이다.

내가 결혼할 때 남편이 가난하다는 이유로 반대한 사람들이 있었다. 가난하면 불행하다는 것이다. 나는 그때 '이 남성이 평생 가난하게 살 사람인가? 학교를 마치면 직업이 있을 사람인가?'를 따져 보았고, 남편이 지금은 가난하지만 열심히 일해 경제적으로 안정적인 기반을 마련할 사람이라는 것을 확신했다.

다수의 의견은 대개 세상의 기준이 되어 집단 성원의 삶을 쥐락펴락한다. 그래서 실패한 경우라도 성원의 지지를 받은 결정은 그 실패를 남의 탓으로 돌려 정당화되기 쉽다. 자신의 인생을 책임지기 싫어하거나 심사숙고하며 결정하는 것을 꺼리는 사람에게 이렇게 다수의 의견은 아주 간편하게 남에게 나쁜 소리 듣지 않으며 살 기회를 준다. 다수의 의견이 개인 위에 군림하는 왕 노릇을 하는 셈이다.

3장

세상을 변화시키는 소수

앞 장에서 다수의 의견이 어느 만큼 우리에게 영향을 주는지 알아 본 바 있다. 일상의 생각과 행동에서 '개인의 주체성이 있기는 한 걸까?'라는 의구심이 들 만큼 다수가 우리에게 미치는 영향은 크다. 그러나 빛과 어둠이 함께하듯 다수의 반대편에는 그들과 다른 의견을 갖고 있는 소수도 존재한다. 앞서 소개한 애시의 동조 실험에서 76퍼센트의 실험 참가자가 다수가 말하는 틀린 답에 동조했다면, 24퍼센트의 참가자는 그에 반하는 답을 말했다.

인류 역사에는 다수와 다른 의견을 가진 사람, 즉 소수 의견자가 있었다. 모든 사람이 태양이 지구 주위를 돈다고 믿었을 때 지구가 자전하면서 태양의 주위를 돈다고 말한 사람, 여성은 남성보다 하등하다고 믿었던 시대에 남녀가 동등하다고 말한 사람, 성적 욕망을 언급하는 것을 금기시한 시대에 성적 욕망이 인간 심리의 근원이라고 말한 사람 등등.

지금도 사회 곳곳에 소수 의견자가 있다. 대부분의 친구가 학점을 따려고 혈안이 되어 있을 때 혼자 세계 여행을 떠나는 대학생이 나 대부분의 부모가 아이를 좋은 유치원에 보내려고 안달복달하는데 집에서 아이들을 자유롭게 놀리는 부모가 있기도 하다. 이 소수들은 사회에 영향을 미치기는 하는 걸까, 미친다면 어떤 영향을 끼칠까?

소수가 남기는 강한 잔상

프랑스의 심리학자 세르주 모스코비치Serge Moscovici와 베르나르 페르소나주Bernard Personnaz는 소수 의견자의 영향력을 알아보기 위해 소수 의견자의 유무에 따른 색깔 실험을 했다.[14] 여기서는 이 실험을 '소수 색깔 실험'이라고 부르겠다.

세 명에서 다섯 명의 실험 참가자가 실험 장소에 도착한 순서대로 기다란 책상 앞에 벽을 보고 앉는다. 참가자 중 한 명은 실험 도우미다. 먼저 참가자들에게 이 실험은 색깔 인지 및 그에 따른 구분에 관한 것이라고 설명한 다음, 영사기를 돌릴 때마다 벽에 비치는 슬라이드의 색이 무엇으로 바뀌는지 대답하게 했다. 한 방에서 다른 참가자들과 돌아가면서 대답을 했기에 서로 어떤 답을 하는지 들을 수 있었다. 이 실험에서는 명도와 채도만 조금씩 다를 뿐 실험에 사용된 모든 슬라이드가 파란색이었다는 점이 중요하다.

소수 의견이 없는 실험 조건에서는 실험 도우미 없이 실험 참가자로만 구성되어 실험이 진행되었다. 이 경우 참가자 모두가 슬라이드는 파란색이라고 말했다. 소수 의견이 있는 실험 조건에서는 실험마다 소수 의견을 이야기하는 실험 도우미가 한 명씩 있었다. 이 도우미는 파란색 슬라이드만 계속 비쳐도 혼자서 줄곧 초록색이라고 말했다. 이 경우 실험 참가자들은 어떻게 반응했을까?

소수 의견을 들은 실험 참가자들은 의견을 바꾸지 않았다. 파란색 슬라이드를 초록색이라고 말하는 소수가 있다고 해서 자신들의 의견을 쉽게 바꾸지 않는다는 것이다. 본인이 봐도 파란색이고 파란색이라고 말하는 이들이 다수이니 초록색이라고 말하는 소수의 한 사람 때문에 의견을 바꿀 이유는 없다.

그런데 이 실험에는 숨겨진 사실이 하나 더 있었다. 파란색을 계속 보고 있으면 노란색/오렌지색 잔상이, 초록색을 계속 보고 있으면 빨간색/보라색 잔상이 남는다. 이는 태양을 쳐다본 직후에 잠시 동안 눈앞에 검은 얼룩 같은 잔상이 남는 것과 같다.

소수 의견이 없는 조건의 참가자들에게 색깔의 잔상을 물었을 때 참가자 모두가 노란색이라고 대답했다. 그런데 소수 의견이 있는 조건의 참가자들에게 색깔의 잔상을 물었을 때는 보라색이라는 의견이 유의미하게 많이 나왔다. 소수 의견인 초록색을 답으로 들었던 사람들은 당시에는 파란색이라고 답하긴 했지만 무의식적으로 파란색 슬라이드를 초록색으로 보려고 했다는 이야기다.

실험이 끝난 후 진행된 인터뷰에서 참가자들에게 소수 의견자에 대해 묻자 '놀랐다', '이상하다', '미친 사람인가?' 하고 생각했다고 한다. 이는 우리가 소수 의견자를 접할 때 나오는 첫 번째 반응이다. 처음에는 그렇게 반응했지만 소수 의견자가 슬라이드가 바뀔 때마다 계속 초록색이라고 말하니 '왜 저럴까?', '저렇게 계속 틀리는데 창피하지도 않나?' 하는 생각이 들었고 나중에는 '저 사람한테는 초록색으로 보이나?', '어떤 사람은 이걸 초록색으로 볼 수도 있겠다', '전부 다 파란색은 아닐 수도 있어'라며 생각이 점차 바뀌었다고 한다. 소수 의견이 지속되었을 때 사람들이 그것에 동요한 셈이다.

소수 의견은 겉으로는 영향력이 없어 보인다. 그러나 우리에게 강한 잔상을 남겨 세상을 보는 시각을 조금씩 천천히 바꿔 나가는 힘이 있다. 삶을 살아가는 방식 또는 성공에 대한 정의에서도 마찬가지다.

대학원을 다닐 때 '미친놈'이라 불린 한 친구가 있었다. 다들 자기 논문을 게재하는 데 혈안이 되어 있는 심리학 대학원에서 전공과 관련이 없는 미적분을 공부한다든지, 어떡하든 유명 교수와 함께 일해 보려고 아부와 아첨이 난무하는 곳에서 혼자 다른 친구들에게 모든 것을 양보하는 친구였다. 처음에는 '저러다 말겠지', '참, 별종이야' 하고 생각하던 대부분의 학생이 하나둘씩 이 친구에게 관심을 가졌다. "재는 왜 저럴까?", "재 괜찮은 거지?" 하고 말이다. 그러다 자신들의 생각에 의구심을 갖기 시작했다. '우리가 생각하는 것이 그렇게 중요한 게 아닐 수도 있어', '미적분도 심리학과 관련 있다고 볼 수 있지.' 그렇게 그는 우리 생각을 변화시켜 갔다.

나중에 알게 되었는데, 그 친구는 일곱 살 때 유고슬라비아내전에서 죽을 고비를 넘긴 적이 있었다. 그때의 경험이 그의 삶의 태도에 많은 영향을 끼쳤을 것이다. 아무도 그 친구처럼 살지 못했지만, 괴짜가 분명한 그의 행동은 많은 학생의 의식에 영향을 주었다. 미적분과 모델링에 관심 있던 그는 10년 후에 팀이 어떻게 정보를 배워 나가는지를 수학 공식으로 만드는 연구를 해 권위 있는 저널에 논문을 게재하기도 했다.

많은 연구 결과를 통해 소수가 가진 영향력은 그 효과가 내재적內在的, intrinsic이며 장기적이라는 것이 밝혀졌다. 다수의 영향력은 그에 비하면 표면적이고 한시적이다. 예를 들어 당신이 속한 모임에서 일본 문화에 대한 이야기를 나눌 기회가 있다고 해 보자. 대부분의 회원은 일본 문화에 반감을 갖고 있다. 당신은 이런 반일 감정이 썩 맘에 들진 않지만 그 자리에서 바로 속내를 드러내기 어려울 것이다. 다수의 힘에 주눅이 들고 다른 사람들에게 잘 보이고 싶은 마음에 그 상황을 모면하기 위해 자신의 의견 개진을 잠시 보류하고 다른 사람에게 동조하며 넘어가려고 할 것이다.

반면 회원 모두가 그런 감정을 이야기하는데, 유독 한 사람만 꿋꿋이 일본 문화의 좋은 점과 배울 점에 대해 발언한다고 해 보자. 이 소수의 주장은 그 당시에는 당신의 의견을 바꿀 만한 영향력이 없을 것이다. 당신의 의견을 회원들이 묻는다면, 아마 다수에 동조하는 의미로 고개를 조금 끄덕이며 "아무래도 좀 거부감이 있죠" 정도의 의견을 냈을 것이다. 하지만 다수에 맞서 자신의 의견을 피력하는 소수의 존재는 '일본인도 아닌데, 왜 저렇게 생각하지?'에서 '일본 문화도 좋은 점이 있을 수 있지'로 당신의 생각을 바꿀 수 있다. 그래서 소수가 미치는 영향력은 다수의 그것보다 훨씬 깊고 오래간다. 나중에 다른 모임에서 비슷한 문제가 나왔을 때, 또는 일본 문화를 다루는 뉴스를 봤을 때, 본인의 의견을 피력하던 소수를 떠올리며 조금은 더 깊이 생각할 기회를 가질 것이다.

소수 의견이란 말 그대로 비주류이며 인기가 없는 의견이다. 다수를 수적 우세로 굴복시킬 힘이 없기 때문에 소수 의견이 남에게 영향을 미칠 수 있는 유일한 길은 다른 사람들이 '생각'하게 만드는 것이다. 처음에는 소수 의견이 얼토당토않게 여겨지겠지만 생각지도 못한 의견을 접해서 '그럴 수도 있지 않을까?'하며 생각할 가능성을 열어 주는 것, 바로 그것이 소수의 영향력이다.

소수를 대하는 우리의 행동 패턴

소수의 영향과 법칙에 대해 강의하는 날에는 강의 시작 전에 학생들에게 다음과 같은 간단한 질문지를 주고 저마다 의견을 종이에 적어 제출하게 한다. “당신 친구가 소액을 다른 사람들에게 꾸고는 갚지 않고 있다는 것을 알았다. 오늘 그 친구가 당신에게 돈을 좀 꿔 달라고 한다. 당신은 돈을 갖고 있다. 이런 상황에서 그 친구에게 돈이 없다고 거짓말을 하는 것은 옳은가 그른가? (1) 옳은 일 (2) 그른 일.”

제출된 의견을 확인한 다음, 네 명을 한 조로 묶어 토론하게 한다. 그런데 조를 편성하는 데에 학생들이 모르는 숨겨진 사실이 하나 있다. 내가 미리 계획한 대로, 각 조는 제출된 의견이 같은 세 명의 다수 의견자와 그들과 의견이 다른 한 명의 소수 의견자로 구성된다. 즉 (1)을 선택한 세 사람과 (2)를 선택한 한 사람을 모아 한 조를 구성하거나 (2)를 선택한 세 사람과 (1)을 선택한 한 사람을 모아 한 조를 구성한 것이다. 같은 의견이라 하더라도 조에 따라 그 의견이 소수 의견이 되기도 하고 다수 의견이 되기도 한다. 그런 다음 10분의 시간을 주면서 이렇게 말한다. "자, 이제부터 조원들과 토론해서 최종적으로 결정하세요."

학생들은 그다지 어렵지 않은 문제이고 특별하지는 않은 조별 토론이라고 생각하며 토론을 시작한다. 하지만 의사결정이 쉽지 않다는 것을 곧 알게 된다. "우리 조엔 반대하는 사람이 있네? 이런!" 하면서 말이다. 옆에서 봐도 누가 소수 의견자인지 알 수 있을 만큼 조의 다수 의견자들은 소수 의견자를 둘러싸고 열심히 설득한다. 가끔 운이 좋은 조는 소수 의견자가 자신의 의견을 금방 포기하거나 기권하는 덕에 뜨겁던 토론이 짧게 끝나기도 한다.

그런가 하면 자기가 소수 의견자가 될지 예측하지 못한 몇몇 소수 의견자는 그 자리에서 아예 자신의 의견을 바꾸기도 한다. 고집불통형 몇몇 소수 의견자는 그 의견을 고수하는 이유를 말해 달라는 다수 의견자와 말도 섞지 않겠다며 묵비권을 행사한다. 다수 의견자들에게 끈기 있게 설명하려 노력하는 착실형의 소수 의견자들은 다수 의견자를 하나둘씩 상대할 때마다 에너지가 뚝뚝 떨어지는 모습을 보인다. 간혹 말 잘하는 다수 의견자, 그리고 그 옆에서 물개 박수를 치며 맞장구치는 다른 다수 의견자들을 보고 있으면 재미난 쇼를 보고 있는 듯하다.

10분이 지난 뒤에는 모든 조에게 돌아가면서 최종 의견을 내라고 말한다. 대부분의 조원은 당황해하며 "아니, 이게 이렇게 어려운 문제였나?" 하는 눈치다.

각 조의 최종 결정을 칠판에 적은 뒤, 처음에 종이에 적어 제출한 조원 각자의 의견을 공개한다. 모든 조에 소수 의견자가 있다는 것을 알게 된 학생들은 서로를 보며 멋쩍게 웃는다. 자신들의 토론이 생각 외로 힘들었던 이유를 이제야 알겠다는 표정이다.

집단이 의사결정을 할 때 제일 먼저 하는 것은 '각자의 의견 물어보기'다. 이때 다른 성원이 자신과 같은 의견을 이야기하면 당연하다는 듯이 받아들이고 또 다른 성원에게도 "너는 어때?", "너도?" 하며 가볍게 물을 것이다. 그러면 상대는 "나도 그래" 하며 쉽게 대답할 확률이 높다. 이처럼 다수의 의견은 겉으로 드러나는 의견 비교 과정을 통해 쉽게 절충되고 일치된다.

그런데 소수 의견의 경우에는 어떨까? 소수 의견자들이 모두 입을 모아 이야기하길 그들이 제일 먼저 듣는 말은 "왜?"라는 질문이라고 한다. 이 "왜?"는 단순한 궁금함에서 나온 말이 아니라 황당해하며 '우리는 다 A라는데 너는 왜 도대체 B라고 말하는 거지?'라는 의미의 "왜?"다. 우리는 대부분 다수 의견에는 "나도 그렇다"고 반응하지만 소수 의견에는 "왜?"로 반응한다.

소수 의견자는 바로 자기 주장의 정당성을 논하는 심판대에 올라 그 주장이 어떤 점에서 근거 있고 합당한지 설명해야 한다. 소수 의견자에게 주장의 이유와 근거는 모든 것이다. 그리고 소수 의견자가 주장하는 이유와 근거는 다수에 의해 샅샅이 조사당한다.

다수 의견자는 대부분 이런 과정을 거치지 않는다. 사람들은 자기와 의견이 같으면 그렇게 말하는 이유나 근거도 같을 것이라고 생각한다. 앞서 말했듯이 이것은 다수의 의견에 생각 없이 동조하고 남과 자신의 의견이 같으면 그 이유를 굳이 묻지 않는 인간의 습성 때문이다. 똑같은 의견이라도 속한 집단에 따라 그 의견은 다수가 되거나 소수가 될 수 있고, 그에 따른 집단의 대꾸도 각각 달라진다.

소수 의견자가 다수 의견자와의 토론에서 이기려면, 소수가 다수를 가볍게 제칠 수 있을 만큼의 정보력과 영특함이 있어야 한다. 그렇지만 보통의 인간이 그럴 만한 능력을 갖기는 힘들다. 소수 의견자가 다수 의견자에게서 받는 압박의 형태는 비슷하지만 대개의 사람은 그것을 잘 알아채지 못한다. 그래서 내가 옆에서 직접 본 것처럼 토론 분위기와 상황을 이야기하면 학생들은 어떻게 알았냐며 놀라워한다. 이렇게 우리에게는 그간의 집단생활로 만들어진, 소수를 대하는 행동 패턴이 존재한다.

내 설명이 끝나면, 토론에서 소수가 되어 본 학생들은 내게 서러움과 불공정함을 토로한다. 다수는 미안해하는데, 그들은 소수를 대하는 인간의 행동 패턴대로 행동했을 뿐 악의는 없다.

소수 의견은 판단의 정확성을 높인다

미국의 한 유명한 스탠드업 코미디언은 공연에서 자신의 어린 두 자녀가 "왜?"라고 하루에도 몇 십 번씩 질문하는 통에 자신이 얼마나 지쳐 있는지 말하기도 했다. 나도 아이가 어렸을 때 여러 번 시달리곤 했다. 아이들은 하늘이 파랗다고 이야기하면 곧바로 "왜?"라고 받아치고, 학교를 가야 한다고 말하면 "왜?"라고 자주 묻는다. 어른이 된다는 것은 아이와 달리 주위의 모든 현상을 그냥 그런 것, 그래야 하는 것으로 받아들이고 더 이상 궁금한 것도 없고 이유도 묻지 않는 것과 같다.

대학원을 다닐 때, 학생들이 "왜?"라는 질문을 던지면 교수들이 진지한 태도로 반응하는 모습이 놀라웠다. 마치 질문을 기다린 것처럼 반기고 즐거워하며 성심성의껏 답변해 주었다. 답을 모를 때에는 답변을 못 해 줘서 미안하다고 하거나 다른 교수에게 같이 가서 물어보며 답을 찾기 위해 학생과 교수가 함께 학과를 돌아다녔다.

지금도 같은 과를 졸업한 친구들과 같이 연구를 할 때면 '왜?'라는 질문에 서로 성심껏 대답한다. 어느 누구도 '왜?'라는 질문을 이상하게 받아들이지 않는다. 아무것도 모르는 학생이 물어보아도 웃어넘기거나 놀리지 않는다. '왜?'라는 질문을 통해 우리는 많은 것을 배우기 때문이다.

인간 집단에게는 '왜?'라고 질문함으로써 배워 나갈 기회가 주어지고, 그 기회는 소수 의견에서 시작한다. 소수 의견을 이해하려면 '왜?'라는 질문을 던져야 하기 때문에 집단에서 배움의 장은 넓어지고 깊어진다.

소수 의견이 없었다면 어땠을까? 모든 집단 성원의 의견이 같다면 어떤 토론이 있을 수 있을까? 모두 마음은 편할 것이다. 집단 토론에서 모두 같은 선택을 한다면 "너도?", "응!", "나도!", "좋아!", "만장일치요!"라며 서둘러 결정을 내릴 것이다.

그런데 다른 의견을 가진 사람이 있으면 다수는 소수 의견자에게 "왜?"라고 묻기 시작한다. '왜?'는 공격적인 말로 들릴 수 있지만 이는 소수 의견자에게 자기 의견을 주장하는 근거와 이유를 발언할 기회를 준다. 주장의 근거와 이유에 관해 이야기함으로써 토론에 참여한 집단 성원은 겉으로 드러나는 의견 대립을 넘어서 한층 더 깊은 곳에 있는, 의견 대립의 근원이 되는 사고의 차이를 논할 기회를 얻는다.

소수 의견자가 자기 주장에 대한 근거와 이유를 말하면 다수 의견자도 이에 따라 자기 주장의 근거와 이유를 말하게 된다. 그 과정에서 의견은 같지만 근거와 이유는 달랐다는 것을 알게 되기도 한다. 소수 의견자는 '왜?'를 이끌어 내고 또 '왜?'는 한층 더 심도 있는 토론을 이끈다. 이렇게 소수 의견자가 있는 집단은 문제의 본

질에 근접한 이야기를 하게 된다. 이는 집단 성원이 갖고 있는 견해와 지식의 다양성과 가능성을 한껏 이용할 기회를 만든다.

예를 들어 모두 사형 제도에 반대하는 네 사람이 있다고 해 보자. 그들이 모여 사형 제도에 대해 결정을 내리라는 지시를 받았다면 바로 몇 분 만에 사형 제도를 반대한다는 것으로 의견이 일치될 것이다. 이 집단은 "다들 나처럼 사형에 반대한다"는 정보 외에 집단 토론을 통해 얻은 새로운 정보가 딱히 없다. 그런데 사형에 반대하는 네 사람이 사형에 찬성하는 한 사람의 소수 의견자와 집단을 이뤄 결정을 내리라는 지시를 받으면 어떨까?

사형 제도에 반대하는 다수는 소수를 향해 '왜?'라고 물으며 토론을 시작하고, 소수는 자신이 사형에 찬성하는 이유와 근거를 말할 것이다. 다수 또한 소수 의견자에게 자기 주장의 근거와 이유를 말하기 마련이다. 소수 의견자가 있는 집단 토론에서는 의견 대립을 한층 더 깊이 있게 해석할 수 있는 기회를 가지게 된다.

소수 의견자가 "나쁜 사람들을 사회에서 뿌리 뽑기 위해서" 사형에 찬성한다고 말했다면 다수 의견자 중 하나는 "그것에 동의하지만 '사회에서 뿌리 뽑는다'는 것이 곧 죽음을 이야기하는 것은 아니라고 생각한다"라며 자기 주장의 이유를 말할 수 있다. 그 과정에서 겉으로는 의견이 다르지만 비슷한 이유와 근거가 있을 수 있다고 생각하게 된다. 이와 반대로 어떤 다수 의견자가 "나는 하느

님을 믿기 때문에 사람은 죽여서는 안 된다고 생각한다"고 말한다면, 다른 다수 의견자는 "종교적인 이유에서가 아니라 인간의 존엄성 측면에서 사형에 반대한다"고 말함으로써 겉으로는 사형에 반대한다는 의견은 같지만, 안으로는 다른 이유와 근거가 있음을 알게 된다.

이 집단은 소수 의견자에게 '왜' 반대하는지 묻기 시작하면서 집단 토론을 통해 풍부한 주장의 이유와 근거를 알게 된다. 별다른 이의 없이 만장일치로 결정하는 집단과는 다르게 상당한 인식의 깊이를 경험하는 것이다.

소수 의견자가 집단에 도움이 된다는 것을 배운 학생들은 집단 토론을 할 때 이전과는 다르게 소수 의견자를 대한다. 만장일치를 무턱대고 좋아할 수 없다. 만장일치가 되면 문제의 핵심으로 갈 길을 지나칠 수 있기 때문이다.

나는 집단의 소수 의견자를 성원들이 어떻게 대하는지 알아보기 위해 '공항 검색대 실험'을 했다.[15] 실험 참가자들은 세 명이 한 조로 편성되어 컴퓨터 모니터 하나를 앞에 두고 나란히 앉는다. 참가자들은 공항 보안 검색대에서 찍힌 엑스레이를 토대로 여행용 가방에 위험한 물건이 있는지 없는지를 함께 결정해야 한다. 나는 모든 조가 의사결정하는 과정을 비디오로 담아 관찰했다.

세 명으로 구성된 조이기에 세 명 모두의 의견이 같으면 그 조는 신속하게 결정을 내렸다. "조원1: 통과!/ 조원2: 통과!/ 조원3: 통과!"라고 말이다. 그런데 세 명 중 한 명이라도 의견이 다르면 그 조는 다수와 소수로 나뉜다. "조원1:검색!/ 조원2:통과!/ 조원3:통과!" 또는 "조원1:검색!/ 조원2:검색!/ 조원3:통과!"처럼 말이다.

이때 다수 의견자가 소수 의견자에게 보이는 반응은 조마다 상당한 차이가 있었다. 어떤 조는 소수 의견은 무시한 채 다수결로 결정을 내렸다. 소수 의견자에게 발언할 기회조차 주지 않고 수가 상대적으로 더 많은 다수 의견을 따른 것이다. 이런 조들의 결정은 아주 빨랐지만 정확성은 낮았다.

이에 반해 어떤 조는 소수 의견자에게 왜 그런 생각을 했는지 물어보았다. 소수 의견자가 "여기 보이는 뾰족한 물건이 혹시 위험할 수도 있을 것 같아서"라며 이유를 이야기하면 다수는 다시 그 부분을 확인했다. 그러고는 "여기가 뾰족할 수도 있겠네. 나는 볼펜인 줄 알았는데 아닐 수도 있겠다"라며 엑스레이 판독에 대한 토론을 이어갔다. 이렇게 소수의 의견을 들어보며 확인한 조들은 정확성이 높았다.

소수 의견은 창의력을 요구하는 일에도 영향을 미친다. 소수 의견을 들어보는 사람과 다수 의견을 무턱대고 따르는 사람 중에 어떤 사람이 더 창의력이 높을까?

다수 의견만 알고 있는 사람은 폐쇄형 사고방식을 따른다. 그러므로 어떤 문제에서 다수의 관점으로 생각한다는 것은, 새로움을 요구하는 창의력에 도움이 되지 않는다. 그에 비해 소수 의견을 접해 본 사람들은 개방형 사고방식을 따른다. 어떤 문제에서 다수가 아닌 소수 의견을 갖고 있다는 것은 기존과 다른 접근 방식을 개발할 가능성이 더 있다는 것이다. 소수 의견을 접하면서 사람들은 '그럴 수도 있구나', '그렇게도 생각할 수 있구나', '그렇게 해석되는구나'라며 기존의 틀에서 벗어난 새로운 유형의 관점에 대해 이해할 수 있다.

융통성은 다수의 특권

옷가지가 담긴 비닐봉지를 든 채 천안문 광장에서 커다란 탱크들을 막아선 남성, 열악한 노동 현실을 고발하고 개선을 요구하며 자신의 몸에 불을 붙인 전태일, 몸 담고 있던 미국국가안전국이 국민의 사생활을 부당하게 이용하고 있다며 고발한 에드워드 스노든 Edward Snowden. 이 셋의 공통점은 무엇일까? 그들은 다수에 대항한 용기 있는 소수 의견자였고 상당한 영향력을 행사했다.

다수는 말로써 영향을 줄 수 있지만 소수는 행동으로 더 많은 영향을 미칠 수 있다. 소수 의견자는 끈기와 용기로 다른 이에게 영향을 준다. 앞서 소개한 소수 색깔 실험에서 소수가 자기 의견을 밝히는 데서 융통성을 발휘했다면 결과는 어땠을까? 초록색을 계속 외치다가 간혹 가다 다수의 주장에 따라 파란색을 한 번 외쳐 보는 소수라면? 그러면 다수가 그 의견에 더 귀를 기울였을까?

모스코비치는 소수 색깔 실험을 통해 이를 검증해 보았다. 소수가 있는 조건에서 소수 의견 실험 도우미에게 계속 초록색이라고 외치다가 한두 번 파란색이라고 외치라고 지시했다. 그러고는 앞서 설명한 실험 방법과 똑같이 실험 참가자들이 그렇게 우왕좌왕하는 소수 의견에 노출되었을 때 어떤 색의 잔상을 보는지 조사했다. 실험 결과, 그런 소수는 영향력이 하나도 없는 것으로 나타났다. 자신의 의견에 확신이 없고 끈기 있게 주장하지 못한 소수는 다른 사람에게 아무런 영향도 주지 못했다.

실험 도우미가 다수의 참가자와 다른 의견을 이야기했을 때, 참가자들은 소수 의견에 주목했을 것이다. 그가 계속 초록색이라고 말할 때마다 참가자들은 '왜 저러지?', '내가 모르는 무엇이 있나?' 라고 생각했을 것이다. 그런데 그 소수가 갑자기 다수의 의견과 같은 파란색이라고 한 번 말했을 때 '이게 뭐야? 줏대가 없잖아?' 하는 생각이 들었을 것이다. 그러다 그가 다시 초록색이라고 말하면 '분별력도 줏대도 없네?'라며 비웃는다는 것이다.

보통 소수가 자기 의견을 강하게 피력할 때마다 듣는 말들은 "방식이 틀렸다", "네 생각이 옳을 수 있지만 그렇다고 그렇게 융통성 없는 태도는 도움이 되지 않는다" 등이다. 심리학을 모르거나 잘못 알고 있는 경영학자들이 "유화 정책" 또는 "융통성", "살짝 굽히는 게 이기는 것" 등을 운운하면서 이런 것들이 남을 설득할 수 있는 효과적인 방법라고 이야기할 때마다 이 분야의 전문가로서 짜증이 난다. 이것은 소수 의견자에게 상당히 위험한 조언이기 때문이다.

유화 메시지, 융통성 발휘와 같은 방법은 다수에게나 쓸모 있는 다수의 특권이다. 자기 생각이 다수와 같다는 것을 알면 사람들은 일단 마음이 편해진다. 이들은 소수 의견에도 위협을 느끼지 않는데, 다수가 든든한 보호막이 되어 자신을 지켜 주기 때문이다. 이런 상황에서는 다수가 소수를 공격하기보다 포용하는 자세를 보여줘서 다수의 입지를 더욱더 공고히 할 때 명예도 얻을 수 있다. "자리가 사람을 만든다"는 말처럼 다수의 위치가 덕을 쌓을 수 있는 여유를 만드는 셈이다.

전태일이 노동운동을 벌이는 과정에서 자본가들과 타협하는 모습을 보였다면 어땠을까? 자본가 입장도 이해되고 그 견해도 일리가 있다면서 자신의 의견을 이리저리 바꿨다면 어땠을까? 그랬다면 우리는 전태일의 목숨도 잃지 않고 근로기준법도 지킬 수 있었을까? 자본가가 "이 사람 알고 보니 꽉 막힌 사람이 아니네. 말이 통하겠어" 하며 이야기를 들어주었을까? 전태일은 비타협적인 정신과 용기, 끈기로 영향력을 가질 수 있었다.

소수가 융통성을 보이는 순간, 자신이 미칠 수 있는 약간의 영향력조차 없어진다. 자신이 아니면 자기 의견을 대신 말해 줄 사람이 없기에 소수는 소수일 수밖에 없다. 단호한 어조로 여러 논리와 근거를 대며 설득하려 해도 사람들이 소수의 의견을 들어줄지는 미지수다. 소수는 피곤한 존재이고 눈엣가시인데, 그 상황에서 소수 의견자가 "그럴 수도 있겠다"라며 조금이라도 남의 의견에 동조하는 듯한 분위기를 내비친다면 컴컴한 밤길에 차에 치여 버려진 사슴 같은 존재가 된다.

소수 의견자가 융통성을 보인다면 다른 사람의 호감을 사고 집단생활에 적응하는 데는 도움이 될 것이다. 하지만 그 순간 소수 의견은 없어지고 만다. 아무도 그 의견에 귀 기울이지 않기 때문이다. 그리고 집단은 더 이상 그 의견으로부터 이점을 얻지 못한다.

진정으로 소수를 돕고 싶다면 "융통성을 기르라"는 조언은 하지 말아야 한다. 소수의 입장이 안타까워 보인다면 그와 같은 편에 서는 것이 소수의 영향력을 키우는 데 훨씬 더 효과적이다.

소수 의견자는 소수의 의견을 살리기 위해, 집단을 더 똑똑하게 만들기 위해 자신을 불사르는 사람이라고 할 수 있다. 이들은 개인적으로 큰 뜻이 있거나 자신이 다수에게 도움이 되길 바라는 마음에서 소수 의견을 외치는 것이 아니다. 자기 의견과 자기가 속한 소수의 의견을 관철하기 위해 주장하는 것이다. 인류 역사에서 소수는 이러한 소통 방식을 통해 다수의 지지를 얻었고, 이로써 본의 아니게 집단을 똑똑하게 만들었다.

소수 의견자가 자기 의견이 미칠 영향력을 확보하기 위해서는 위험을 감수해야 한다는 것, 그것이 다수를 놀라게 하고 소수 의견을 한 번 더 생각하게 한다는 사실이 미국 심리학자들이 행한 실험에서도 나타났다.[16]

이 실험에서는 소수 의견자와 다수 의견자가 같은 조에서 토론을 통해 의사결정하게 했다. 소수 의견자와 다수 의견자가 온라인으로 토론하는 온라인 토론 조와 대면으로 토론하는 대면 토론 조가 있었는데, 대면 토론에 비해 온라인 토론에서 소수 의견자들이 더욱 활발하게 자기 의견을 말했다. 온라인상에서는 남과 토론하는 데서 체면이 깎이거나 창피해질 위험이 덜하기에 소수 의견자들은 온라인에서는 더욱 용기를 내 자신의 의견을 말한다.

하지만 소수 의견은 온라인 토론에서보다 대면 토론에서 영향력이 더 컸다. 온라인상에서는 소수 의견을 별 부담 없이 말할 수 있다. 그에 반해 대면 토론에서 소수 의견을 말하려면 남에게 자기 의견이 거부되어 면박당하거나 창피당할 일을 무릅써야 하는 용기가 필요하다. 이런 이유로 대면 토론에서 나온 소수의 의견에 다수가 더 귀 기울이는 것이다.

모스코비치는 소수 색깔 실험 후속으로, 다수가 파란색이라고 하는데 한 명이 아닌 두 명의 소수가 초록색이라고 계속 대답할 때 소수의 영향력이 어느 정도 되는지 연구했다. 실험 결과, 소수 의견자가 한 명이었을 때보다 두 명이었을 때 영향력이 훨씬 강했다. 한 사람이었을 때는 눈이 나쁘거나 머리가 이상하거나 생각이 특이한 사람으로 치부했는데, 두 사람의 의견이 똑같다면 그렇게 생각하기가 어렵기 때문이다.

또한 심리학자들에 따르면 소수 의견은 예측하지 못했을수록 더 강한 잔상을 남긴다고 한다. 파란색 슬라이드인 것이 너무도 분명한데, 어떤 사람이 초록색이라고 계속 말하리라고 누가 예측이나 했을까? 참가자들은 다들 깜짝 놀랐다고 한다. '정말 어디가 아픈 건 아닐까?' 하고 걱정할 정도로 말이다.

평소에 비사회적이고 집단에서 인정을 못 받던 사람이 다수에 반하는 소수 의견을 계속 이야기할 때와 평소에 사회적이고 집단에서 인정받는 사람이 그럴 때를 비교하면 어느 쪽이 영향력이 더 클까? 연구 결과, 평소에 비사회적이고 집단에서 외톨이였던 소수 의견자의 태도와 발언 내용은 그다지 놀랍지 않아 영향력이 훨씬 작았다.

예를 들어 남성 친목 모임에서 한 회원이 어떤 성차별적인 발언("얼마 전에 저희 직장에서 여자 직원들끼리 뒷담화를 퍼뜨리며 싸우는 통에 그 직원들이 회사에서 징계를 받았어요. 여자들은 말이 많아, 그래서 안 된다니까요")을 했는데 이에 다수 회원이 동조하는 상황이라고 해 보자. 여기에서 회장인 남성이 그에 반대하는 소수 의견을 내는 경우("저는 그렇게 생각하지 않아요. 남성들이 그런 면에서 더 심한 경우도 종종 있습니다")와 그 모임에서 주변인 취급을 받던 한 남성도 그런 발언을 하는 경우를 비교해 보면, 소수 의견을 말한 사람이 평소에 집단 성원에게 인정받는 사람이었을 때 영향력이 더 크다는 것이다.

비슷한 예로, 성 소수자의 권리를 성 소수자가 아닌 정치인이 옹호하는 경우와 성 소수자인 정치인이 옹호하는 경우를 비교하면 어떤 경우가 영향력이 더 클까? 주류인, 성 소수자가 아닌 정치인의 옹호 발언이 더 효과가 클 것이다. 소수 의견자가 집단에서 이미 비주류이거나 평소에도 반대 의견을 많이 내는 사람이라면 다수는 "그럼 그렇지" 하고는 놀랍지도 않다며 신경 쓰지 않는다. 하지만 소수 의견자가 집단에서 인정받거나 쉽게 무시할 수 없는 사람이라면 사람들은 그의 의견에 "도대체 왜 저렇게 말하는 걸까?" 하며 궁금해한다. 이렇게 의견을 말하는 사람의 특성과 성향이 소수 의견의 영향력을 키우기도 하고, 줄이기도 한다.

미국연방대법원 판결문으로 측정한 의사결정의 질

정치 세계에는 보수 집단과 진보 집단이 있다. 보수 진영, 즉 우파는 기존 사회 시스템을 유지하고 안정화된 전통과 관습을 이어가는 것을 중요하게 여긴다. 그런 까닭에 새로운 사상이나 개혁에 대해서는 대체로 소극적이거나 회의적인 입장이다. 진보 진영, 즉 좌파는 기존 사회 시스템을 비판적으로 보며 그것을 변화시키고 개혁하는 것을 소명 의식으로 여기는 성향이 강하다.

이런 정치적 특성에 의하면 보수 정권은 기존 입장을 유지하는 데 목적이 있기에 새로운 의견에 부정적 태도를 갖고 꽉 막힌 집단 사고를 할 것이라고 예측할 수 있다. 이런 보수 정권에 반해 진보 정권은 기존 입장을 고수하기보다는 새로운 의견이나 자신과 다른 의견들을 적극적으로 포용하고 그것들에 귀 기울여 현명한 사고를 할 것이라고 예측할 수 있다.

이렇게 집단이 가진 이념이 보수주의인지, 진보주의인지에 따라 집단의 현명함이 갈릴 것이라는 학설을 미국의 심리학자 데버라 그룬펠드Deborah Gruenfeld는 이념 중심 가설ideology-contingency model이라고 했다. 그리고 또 다른 예측은 앞서 언급된 소수 의견자의 중요성을 토대로 하는 것이다. 보수주의와 진보주의라는 이념이 집단의 현명함을 결정하는 것이 아니라 집단에 소수 의견이 있는지 여부에 따라 집단의 현명함이 갈릴 것이라는 학설을 그룬펠드는 지위 중심 가설status-contingency model이라고 했다.

그룬펠드는 지난 40년간 미국연방대법원에서 내려진 판결문을 바탕으로 흥미로운 이 두 가설을 시험했다[17]. 미국연방대법원은 우리나라의 헌법재판소와 비슷한 곳으로 아홉 명의 대법관으로 구성되며 일단 대법관으로 임명되면 그 임기는 종신이다. 대법관이 사망하면 대통령이 새로운 대법관을 임명하는데, 대통령의 정치 성향에 따라 보수 성향과 진보 성향의 대법관 구성 비율이 바뀐다. 어떤 시기에는 대법관 아홉 명 모두가 보수 성향이거나 진보 성향이기도 하고, 보수 혹은 진보 성향의 대법관이 다수 혹은 소수일 때도 있다. 그룬펠드는 대법원의 판결문을 분석해 대법관들이 집단 의사결정에서 어느 정도의 현명함(다양성과 통합성 등)을 보여 주었는지 분석했다.

보다 현명한 의사결정을 하는 집단은 다양한 의견과 시각차를 아우르는 통합적인 이해를 어느 만큼 의사결정에 반영했는지를 보면 알 수 있다. 판결문에 한쪽 입장과 관련 증거들만 나열한다면 다양성과 통합성이 떨어지고, 집단의 현명함은 낮게 측정된다. 또한 판결문에서 양쪽 입장과 관련 증거들을 충분히 언급하는 내용이 나왔다면 다양성은 높지만 통합성은 떨어진다. 이런 경우 집단의 현명함은 중간으로 측정된다. 마지막으로 판결문에서 양쪽 입장과 관련 증거들을 충분히 언급했을 뿐만 아니라 서로 다른 주장들을 통찰력 있게 포용했다면 이는 곧 다양성과 통합성 모두가 높은 것이다. 이런 경우 그 집단은 높은 현명함을 가지고 있다고 측정된다.

예를 들어 "낙태는 여성의 기본 권리다. 그러므로 낙태 허용은 옳다"는 낙태 찬성 판결문보다는 "낙태가 아직 태어나지 않은 태아에 대한 반인륜적 행위라는 것을 염두에 두고 이 문제를 충분히 검토해 보았다. 그렇지만 아직 태어나지 않은 아기의 삶과 그에 대해 전적으로 책임지고 살아가야 하는 엄마의 삶 모두가 행복할 수 없다는 조건이라면 낙태를 허용하는 것은 헌법에 위배되지 않는다"는 낙태 찬성 판결문의 다양성과 통합성이 더 높다고 하겠다. 그렇다면 대법원 판결문을 분석한 결과는 어땠을까?

이념과는 상관없이 소수 의견이 있는 집단이 높은 현명함을 보여주었다. 그룬펠드의 지위 중심 가설이 힘을 얻은 것이다. 진보 성향의 대법관이나 보수 성향의 대법관이 더 많다고 해서 더 분별 있는 결정을 내리지는 않았다. 오히려 대법관 전원이 진보 성향이거나 반대로 전원이 보수 성향일 경우에 두 집단이 내린 의사결정의 질이 동등하게 낮았다.

훌륭한 판결은 보수주의와 진보주의를 따지지 않고 다양한 관점에서 문제를 분석하고 모든 가능성을 수렴하는 것에서 도출되는

데, 이는 대법관 아홉 명 중 소수 의견자가 있는지 여부에 달려 있었다. 아홉 명 모두가 진보 성향이라면 소수 의견자가 있을 리 없다. 그러나 여섯 명이 진보 성향 법관이고 세 명은 보수 성향 법관이라면, 이 대법원은 보수 성향의 소수 의견자가 있는 것이다. 또한 일곱 명이 보수 성향 법관이고, 두 명이 진보 성향 법관이라면 진보 성향의 소수 의견자가 있는 것이다.

소수 의견자가 없는 상태에서 내리는 결정은 그야말로 이심전심, 모두가 한마음 한뜻으로 이뤄진다. 만장일치는 '우리는 하나'라는, 뭔가 단단히 뭉쳐진 것 같고 안도감이 느껴지는 일체감을 준다. 이런 감정에 도취되면 분별 없는 결정을 내릴 가능성이 한껏 높아진다. 경계심을 갖고 앞뒤를 면밀히 검토하는 태도를 취하지 못하거나 서로 다른 의견을 검토하면서 생겨날 더 큰 깨달음을 얻지 못한다.

4년 전에 여러 테러리스트 집단과 극단적 집단에 관해 연구하면서 다양한 극단적 성향의 과격 단체들을 조사한 바 있다. 이들 단체는 보수와 진보라는 정치 성향과는 상관없이 소수 의견을 묵살하거나 소수를 집단에서 없애 버리고 다수 의견을 만장일치로 결의하는 문화를 갖고 있었다. KKK나 탈레반 등과 같은 보수 과격 집단이 대표적인 예다.

진보 성향의 극단적인 환경보호 단체도 그런 모습을 보인다. 인간도 생태계의 일부이니 환경을 오염시키거나 다른 동물을 해치는 행위를 하지 말자는 취지로 단체가 결성되었지만 일부 단체는 건물 폭파와 기물 훼손, 사이버 공격, 주요 인물에 대한 살해 위협 등과 같은 과격한 행동을 하기도 한다. 그들의 이런 행동은 특정 이념에서 비롯한 것이 아니라 자기 이념만을 절대적으로 신봉하여 소수 의견을 묵살하거나 배제하는 집단의 문화에서 나온다.

조직에서 소수가 영향력을 키우려면

조직이나 직장에서 우리는 종종 다수의 사람과 다른 의견을 갖는다. 하지만 동료와 상사가 있는 조직에서 다수와 다른 목소리를 내는 것은 여간 힘든 일이 아니다. 잘못했다가는 경력 자체가 위태로워질 수 있기 때문이다. 그렇다면 직장에서 소수 의견을 낼 때 어떤 것을 염두에 두어야 할까?

우선 당신이 지금 당장은 소수로서 혼자일 수 있지만, 항상 그렇지는 않다는 것을 기억해야 한다. 다수와 소수는 상대적이어서 같은 의견이더라도 상황에 따라 누구든 다수가 되거나 소수가 될 수 있다. 다수는 많은 사람이 선호하는 의견이기 때문에 사람들은 소수 의견보다 다수 의견을 갖고 있을 경우가 확률적으로 더 높다.

예를 들어 일과 개인의 삶 사이의 균형을 이르는 워라밸을 위해 회사 방침을 정할 때나 회사 전략을 논의할 때, 새로운 직원을 뽑을 때 등등과 같이 같은 직장 안에서도 다양한 문제들에 대한 논의가 오고 간다. 그리고 당신은 대부분의 경우 다수와 입장을 같이할 것이다.

그런데 직장에서 당신의 의견이 항상 소수에 속한다면 그곳이 정말 당신과 맞는 곳인지 생각해 볼 필요가 있다. 이는 당신이 그 집단의 사람들과 잘 맞지 않기 때문이다. 직장 동료가 모두 심리학자인데 당신만 엔지니어라면, 당신의 전문 지식과 의견은 동료에게 높게 평가될 것이다. 하지만 엔지니어 업무와 관련된 의견이 아닌, 팀 프로젝트의 방향이나 일의 절차와 전략 등과 같은 전반적인 조직 운영에 관한 문제에서 자주 이견이 생긴다면, 당신은 직장에서 스트레스를 많이 받을 것이다. 그렇다고 사람들과 부딪히기 싫어서 다수가 하자는 대로 하다 보면, 자기 의견을 제대로 얘기하지 못하면서 직장 생활을 하는 것도 상당한 스트레스가 된다. 인간의 본능적인 욕구인 자기표현을 할 수 없기 때문이다. 그러므로 애초에 당신이 소수 의견자가 될 확률이 적은 직장이 당신과 맞는 곳일 수 있다.

간혹 당신이 소수가 됐을 때 그 상황에 대한 스트레스를 줄이고 소신껏 발언할 수 있는 환경을 원한다면, 다수일 때 먼저 솔선수범하여 소수를 배려하는 모습을 보여 줘야 한다. 확률상 사람들은 소수 의견자일 때보다 다수 의견자일 때가 더 많기 때문에 대부분 다수의 입장에서 직장 생활을 할 것이고, 그 상황에서 소수 의견자와 마주할 것이다.

그때 소수 의견자를 공정하게 대하지 않고 그를 무시하거나 비난한다면, 당신이 소수 의견자일 때 그 행동이 되돌아와 본인도 그렇게 당할 확률이 높다. 앞서 말했듯이 다수 의견자는 여유로움, 자상함, 배려심, 융통성을 보여 줄 기회를 가진 사람이다. 그래서 다수 의견자로서 어떻게 행동하는지가 리더 자질을 평가하는 데 중요한 요소가 된다.

소수 의견은 언제 말하는 게 좋을까? 일단 남들이 다수 의견을 말하기 전에 제일 먼저 말하는 것이 좋다. 심리학 연구에 따르면, 토론 초반에 나온 의견이 중반이나 그 이후에 나온 의견보다 더 자주 언급되었으며 영향력도 컸다. 소수 의견도 마찬가지다. 팀에서 프로젝트 진행 계획을 세우거나 전략 토론을 할 때, 선도적으로 나온 소수 의견은 팀과 조직에 좋은 토론감이 될 수 있다. 소수 의견을 내놓기 전에, 그 의견을 갖게 된 이유를 스스로 정리해 보는 게 좋다. 왜냐하면 소수 의견자는 거의 늘 "왜?"라는 질문을 받기 때문이다.

미국의 심리학자 샬런 네메스Charlan Nemeth는 《반대의 놀라운 힘》

에서 소수 의견자라면 쉽게 포기하지 않고 시간을 끄는 태도를 취하라고 조언한다. 그는 할 수 있는 만큼 최대한 주장을 굽히지 않되 마지막에는 다수의 손을 들어주는 것이 소수 의견자가 자신의 영향력을 최대한 키우면서 집단의 신임도 잃지 않는 전략이라고 말한다. 다수는 소수가 빨리 동의해 버리면 소수의 의견을 제대로 들어보거나 따질 시간을 갖지 못한다. 하지만 소수가 자기 의견을 피력하며 다수를 이해시키기 위한 시간을 충분히 가진 뒤에 다수 의견에 따른다면, 다수는 그런 성숙하고 진중한 소수의 태도를 존중하게 된다.

소수는 다수를 수적으로 이길 수 없지만 자신의 위상은 높일 수 있다. 팀과 조직을 염려하는 마음으로 자기 의견을 피력하면서 집단에 방해가 되지 않는 소수 의견자는 다수에게 팀을 위하는 사람으로 여겨진다. 다시 말해 소수 의견자가 반대를 위한 반대를 하는 것이 아니라 팀이나 조직을 위해 의견을 낸다는 이미지가 생긴다. 앞서 말했듯이 평소 팀원에게 신임이 두터운 소수 의견자의 의견은 다수 의견자가 귀담아 듣는 경향이 있다고 한다.

이와 마찬가지로 소수가 자기 의견을 본인의 입신양명이나 정치 보복 같은 불순한 의도로 제기한다고 다수가 생각하지 않도록 하는 것이 중요하다. 의도는 소수에게 아주 중요하다. 사람들은 다수 의견에 대해서는 의도를 묻지 않지만 소수 의견의 의도에는 주목

한다. 불순한 의도가 깔린 소수 의견은 오히려 이미지에 좋지 않은 영향을 미친다.

당신이 내년에 육아 휴직을 앞두고 있는데 육아 휴직을 3개월 늘리자는 소수 의견을 낸다면, 다수는 의도가 이기적이라고 보면서 거부할 확률이 높다. 소수 의견자는 융통성이 없어야 영향력이 커진다고 생각해서 '너 죽고 나 죽자' 식으로 팀이나 조직의 업무를 방해하는 것도 소수인 본인의 의견을 정치적 목적으로 사용한다고 생각하게 만들 확률이 높다. 만장일치가 되어야 그다음 논제로 넘어가는 회의에서 소수 의견자가 안건 가결을 계속 반대한다면, 다수는 소수 의견자가 만장일치라는 규칙을 이용해 조직의 결정에 훼방을 놓는다고 생각한다. 물론 소수가 이기적인 태도로 다수를 막거나 방해하려고 한다고 생각된다면, 소수 의견은 사람들의 생각에 영향을 미치지 못할 것이다.

"네가 소신 발언을 잘 하잖아" 혹은 "네가 말하면 먹힐 것 같아"라며 주위에서 소수 의견 말하기를 부추기는 일이 생길 수도 있다. 본인은 소수 의견을 말하지 않고 뒤로 숨은 채 대신 말해 주길 바라는 얌체도 있을 것이다. 평소에 친하게 지내다가 당신이 소수 의견을 말하면 혹시 자기에게 불똥이 튈까 봐 전전긍긍하면서 모르는 척 무시하는 동료들도 있을 것이다. 이때 소수 의견자가 자신을 지키는 최선의 방법은 소수 의견을 발언해 달라고 부탁하는 사람에게 이렇게 말하는 것이다. "저는 제 생각을 이야기합니다. 말해 달라고 한 이야기는 한번 생각은 해 보겠지만 지금 당장은 제 생각과 다른 것 같네요."

소수 의견이 영향력을 갖는 이유는 그 의도가 정치적이지 않고 실제 자기 생각에 기반하기 때문이다. 의도가 불순해지면 소수 의견은 힘을 못 쓴다. 또한 당신이 소수 의견을 이야기할 때, 친한 동료들이 도와줄 것이라고 기대하지 말자. 오히려 그런 도움이 다수에게는 소수가 자기 입지를 강화하기 위해 정치적으로 그들을 이용하고 있다는 인상을 주어 소수 의견의 영향력을 키우는 데 방해가 될 수 있다.

멍청한 소수의 의견도 들어야 하는 이유

소수 의견자가 집단에 미치는 영향력과 그것의 이점을 이야기하는 날이면 항상 몇몇 학생이 묻는다. "소수가 멍청하면요?", "소수 의견이 틀린 게 분명해서 그걸 듣는 것이 시간 낭비가 된다면요?" 내가 학생들에게 내놓는 대답은 이렇다. "물론 짜증 나겠지만 소수 의견이 없는 것보다는 멍청한 소수라고 해도 있는 것이 한 번 더 문제를 되짚어 생각하게 합니다."

소수 의견이 개뿔 같은 소리라 해도 그것이 과연 집단에 도움이 될까? 틀린 것이 분명한 자기 의견을 주장하는 소수도 있고, 논의되고 있는 문제에 대한 기본 지식 없이 쓸데없는 이야기를 장황하게 하는 소수도 있다.

네메스는 멍청한 소수가 집단에 미치는 영향력을 알아보기 위해 다음과 같은 실험을 했다. 이 실험 방법은 상당히 기발하고 귀엽다. 실험은 앞서 이야기한 소수 색깔 실험과 거의 비슷하게 진행되었는데, 실험의 소수 의견자가 시력이 좋지 않은 실험 도우미라는 점이 달랐다. 이 도우미는 실험 시작 직전에 실험 참가자들이 이미 자리에 앉아 있는 상태에서 실험실에 겨우겨우 찾아온다. 그는 눈이 나빠 알이 두껍고 뱅뱅 도는 안경을 쓰고 있다. 실험 진행자가 "이 실험은 색깔 인지 실험입니다"라고 말하자마자 도우미는 실험자에게 자기 시력이 거의 앞이 안 보일 정도로 낮은데 실험에 참가해도 되는지 묻는다. 참가자들이 다 보는 앞에서 말이다. 그러면 실험 진행자는 "그래도 괜찮습니다"라며 넘어간다.

이전의 소수 색깔 실험과 또 다른 점은 '시력이 나쁜' 소수가 남들은 다 파란색이라고 하는 슬라이드를 초록색이라고 말하는 것이다. 실험 결과는 흥미로웠다. 시력이 나쁜 소수의 의견이었지만 참가자들에게 영향을 미친 것이다. 모든 참가자가 파란색이라고 외치는, 소수가 없는 조건과 비교해 보니 잘 보지 못하는 소수라도 그가 계속 초록색이라고 말하자 참가자들이 슬라이드 색깔을 한 번 더 생각해 보았다. '어떤 사람에게는 초록색으로 보일지도 모른다'는 생각의 씨앗을 품게 한 것이다.

이처럼 소수의 영향력이란 사람들이 직접적·표면적으로는 자기 의견을 바로 바꾸지는 않지만 소수 의견자가 없었더라면 쉽게 판단을 내려 지나치고 말았을 것들을 다시 한번 생각하게 만드는 것이다. 소수 의견이 있기 때문에 이런 일이 가능하며, 여기서 그 의견이 옳고 그름의 여부는 중요하지 않다. 그보다도 소수 의견의 존재는 남에게 동조할 필요가 없고 다수와 의견이 다를 수 있으며 그것도 괜찮다는 것을 알게 되는 것이다. 소수 의견자를 접한 사람들은 이 집단에서는 자신의 생각대로 말해도 된다는 것도 알게 된다. 이처럼 틀린 소수 의견도 집단에 좋은 영향을 줄 수 있는 힘이 있다.

소수 의견자도 자신의 의견을 진지하게 받아들이는 집단에서 더 만족감을 느끼고 집단에 더 열심히 기여하려 한다. 공항 검색대 팀을 재현한 내 실험에서도 소수 의견자의 기여도는 팀 전체의 만족감을 높인다는 결과가 나왔다. 자기 의견을 거리낌 없이 이야기할 수 있고 경청하는 팀에 속한 사람들은 자유롭게 의사 표현을 할 수 있는 팀 분위기 안에서 행복감이 올라간다는 것이다.

4장

소외감이라는 생존 본능

계절에 따라 모이고 흩어지는 여느 다른 동물 집단과는 다르게 인간은 평생을 집단에서 적응하며 살아가야 한다. 그러다 보니 소속된 집단이 자신에게 내리는 평가가 본인이 내리는 평가보다 더 강력한 영향을 미친다. 그 집단이 아무리 임시적이고 임의적이더라도 말이다. 어쩌다 같은 실험에 참가한 사람들 사이에서도, 대학 졸업식에 우연히 나란히 앉게 된 친구들 부모님 사이에서도, 연착된 비행기 때문에 우왕좌왕하는 승객들 사이에서도 사람들은 다른 사람이 자신에게 보내는 눈짓과 반응을 통해 자신을 긍정적으로 평가하는지 아니면 부정적으로 평가하는지 가늠할 수 있다. 짧은 시간이더라도 속했던 집단이 자신을 긍정적으로 대하면 소속감을 느끼며 기분이 좋아지지만 그러지 않는다면 금세 소외된 기분이 든다.

이와 같이 인간은 집단이 보내는 미묘한 눈짓과 표정, 숨소리와 대화 방식 등을 통해 자신이 집단에서 어떤 위치에 있는지 가늠한다. 그런 세세한 신호에 민감하게 반응하는 것은 마치 물고기가 자신이 사는 물의 pH 농도에 반응하는 것처럼 자신과 집단 사이를 잇는 보이지 않는 생명줄의 강도에 반응하는 것과 비슷하다.

집단생활이 아주 중요한 삶의 조건인 인간은 다른 이들이 자신을 따뜻하게 또는 차갑게 대하는지를 알아채는 심리 기제가 발달했다. 다른 사람이 차갑게 대하면 우리는 소외감을 느낀다. 집단 괴롭힘이나 따돌림 등과 같은 가해자의 의도적인 언어적·신체적 폭력만이 소외감을 느끼게 하는 것은 아니다. 인간은 다른 사람이 자신을 쳐다보지 않거나 자신에게 말을 걸지 않거나 반응하지 않는 '무無행동'으로도 소외감을 느낀다. 심리학에서는 이런 무행동으로 소외감을 느끼게 하는 행위를 오스트라시즘ostracism, 즉 무행동 따돌림이라고 하며 기존의 집단 괴롭힘/집단 따돌림bullying과 분리해서 연구하고 있다.

무행동 따돌림의 특징 중 하나는 상대방이 마음먹고 계획적으로 무행동을 하는지 아닌지가 불분명하다는 것이다. 나는 초등학교 때 같은 반이었던 친구를 스무 살 때 온라인에서 만난 적이 있다. 그 친구는 내가 아는 척하지 않아 섭섭했다고 말했다. 의도하지 않았지만 그는 내 행동으로 소외감을 느꼈고 나는 일부러 그런 것은 아니라고, 미안하다고 말할 수밖에 없었다. 대학원에 다닐 때는 내가 회의실에 들어가자마자 다른 학생들이 대화를 멈추고 내게 아무도 말을 걸지 않은 적이 있다. 그들이 의도적으로 나를 따돌리려고, 또는 내가 회의실에 들어왔을 때 마침 대화가 끝난 상태라서 그랬을 수도 있다. 어찌됐든 간에 그때 나도 온라인에서 만난 친구처럼 소외감을 느꼈다.

사람들이 요즘 종종 겪는 무행동 따돌림은 자신이 보낸 메시지에 상대가 어떤 답도 하지 않는 것이다. 상대가 분명 내 메시지를 읽었는데, 일부러 나를 골탕 먹이려고 답하지 않는지, 바빠서 답을 못 하는지 아니면 무슨 응급상황이 벌어졌는지 등등과 같이 상대의 무행동 이유를 알 수 없기에 뭐라고 하지 못하는 상황에 처하기도 한다.

최초의 무행동 따돌림 연구

무행동 따돌림을 최초로 연구한 미국의 심리학자 키플링 윌리엄스Kipling Williams는 우연한 계기로 무행동 따돌림을 연구하게 되었다고 한다. 어느 날 동네 공원 잔디밭에 앉아 사색을 즐기고 있었는데, 또래 남성 셋이 그와 가까운 곳에서 원반을 던지며 놀기 시작했다. 그들은 윌리엄스에게 원반던지기를 같이 하자고 했고 그도 흔쾌히 응했다.

그런데 어느 순간부터 원반이 그에게 안 오고 다른 사람에게만 가는 게 느껴졌다. 처음에는 '내가 셋이 있는 곳에서 좀 떨어져 있어서 그런가?' 했지만 곧 '내가 너무 못 해서 그런가?' 하는 생각이 들었다. 계속해서 이 세 남성은 그를 빼 놓고 원반을 주고받았다. 그의 말에 따르면 이런 일을 따지기도 뭣하고 그렇다고 그만두고 가지도 못해 '재네들은 왜 그러지?' 하며 벌서는 사람처럼 멀뚱멀뚱 서 있기만 했다고 한다.

이때 윌리엄스는 아주 불쾌했는데, 이런 일로 자신이 왜 이렇게 기분이 상했는지 이해되지 않았다. 윌리엄스는 그 남성들을 모르고, 그 남성들 역시 윌리엄스를 모른다. 또 윌리엄스는 동네 남성들과의 원반던지기 실력 겨루기에 집착할 만큼 그리 한가한 사람도 아니다. 그들이 제안해서 시작하고 호기심으로 함께했을 뿐 원반던지기를 평소에 즐기지도 않았다. 게다가 그 남성들이 윌리엄스에게 욕을 하거나 폭력을 휘두른 것도 아니다. 말하자면 자신을 투명인간 취급한 것이 다였다. 이성적으로 생각하면 별일 아닌데도 너무 기분이 나빴다. 왜 그 남성들이 자신을 그 자리에 없는 사람처럼 대했는지 알고 싶었고, '그들이 왜 그랬을까?', '왜 나는 이렇게 기분이 나쁠까?'라는 물음이 머릿속에서 떠나지 않았다.

윌리엄스는 관련 심리학 연구를 찾아보았다. 공격적인 행동에 관한 논문은 많았지만 무행동 따돌림을 다룬 연구는 전무했다. 이에 윌리엄스는 무행동으로 인한 소외감에 관해 연구하기로 마음먹었다.

가장 흔히 쓰이는 무행동 따돌림에 관한 연구 방법은 공놀이 패러다임이다. 윌리엄스는 자신의 경험을 바탕으로 실험을 설계했다. 먼저 실험 참가자가 두세 명의 실험 도우미와 공을 주고받는데, 처음에 공평하게 공을 주고받던 도우미들이 어느 순간부터 참가자에게 공을 주지 않고 자기들끼리만 공을 주고받기 시작한다. 참가자의 표정은 점점 어두워지고 이런 상황이 단 2분만 계속되어도 참가자는 상당한 심리적인 고통과 스트레스를 받는다.

무행동 따돌림으로 일어나는 이런 심리적 반응은 무행동 따돌림을 당한 사람들이 작성한 설문 조사에서도, MRI를 이용해 심리적 고통을 측정한 실험에서도 일치했다. 무행동 따돌림을 감지한 사람들은 그것이 의도적이든 아니든, 그것이 정당하든 그렇지 않든 간에 감지하는 즉시 고통에 빠진다. 또한 잠시 동안이라도 무행동 따돌림을 당하면 참가자가 예상을 훨씬 더 웃도는 수준의 심리적 타격을 받으며 자존감도 떨어진다는 사실이 밝혀졌다.

왜 무행동 따돌림은 사람들에게 스트레스를 주는 것일까? 자신과 말을 섞지 않거나 자신을 없는 사람 취급할 뿐 때리는 것도, 말로 괴롭히는 것도 아닌데 말이다. 그 이유는 따돌림당하는 피해자가 따돌림에 대응할 적절한 방도가 없기 때문이다. 차라리 가해자가 신체적·정신적으로 괴롭힌다면 피해자는 그것에 반박하거나 대처할 기회가 있다. 그리고 피해자는 그렇게 대응해서 자신이 받은 고통을 조금이라도 알리고 가해자에게 되돌려 줄 수 있다.

그런데 무행동 따돌림은 소리 치고 반박하기에는 너무 사소한 행동처럼 느껴진다. 오히려 기분이 나쁜 자신을 자책하게 된다. 그렇기 때문에 어떻게 반응하지도 못한 채 꼼짝없이 당하는 수밖에 없다. 인간은 따돌림당하면 슬픔, 헷갈림, 무력감, 수치심 등이 뒤섞인 감정을 느낀다고 한다. 원반을 던지며 놀다가 소외되어 벌받듯이 서서는 자신이 무슨 잘못을 했는지 생각하던 윌리엄스처럼 말이다.

무행동 따돌림은 가해자들이 손 안 대고 코 풀기 식으로 괴롭히는 행위 중 하나다. 실제로 많은 무행동 따돌림이 제삼자가 눈치채지 못할 정도로 교묘하게 일어난다고 한다. 집단에 자기 마음에 들지 않는 사람이 있다면 그를 무행동으로 따돌림으로써 보이지 않게 괴롭히는 것이다.

경제적 보상이 해결할 수 없는 감정

윌리엄스가 경제학자들 앞에서 무행동 따돌림에 관한 연구를 발표했을 때 한 경제학자가 이런 말을 했다. "내가 장담하는데, 인간은 이기적인 동물이라 만약 무행동 따돌림을 당할 때마다 사람들에게 돈을 준다면 고통을 느끼지 못할 겁니다. 오히려 좋아할걸요?" 윌리엄스도 그 가설이 흥미롭다고 생각해서 무행동 따돌림을 당할 때마다 경제적 보상이 주어지면 따돌림의 고통이 줄어드는지 알아보기로 했다.

그는 시한폭탄 패러다임으로 실험을 설계했다. 공 대신에 언제 터질지 모르는 시한폭탄을 한 명의 실험 참가자와 두 명의 실험 도우미가 주고받는다. 폭탄을 받은 사람은 실험 참가비 일부를 잃는다. 처음에는 폭탄을 서로 공평하게 주고받던 사람들이 어느 순간 참가자를 제외한 채 자기들끼리만 폭탄을 주고받기 시작한다. 공을 받지 못한 참가자는 경제적 손실을 입지 않으므로 기분이 좋아야 할 것 같지만 실제로는 심리적인 불안감과 절망감을 느끼는 것으로 나타났다. 따돌림당하는 데서 느끼는 절망감은 본능적·즉각적인 감정이기에 이성적으로 판단되는 경제적 이득에 따른 기쁨과는 별개이기 때문이다.

"초등학생도 아닌 어른이 왜 그런 일에 상처를 받고 그래?", "너도 그 사람들이 싫다면서? 그런 일에 안 불러 주면 도리어 고맙지. 나 같으면 '고마워'라고 하겠는데?" 하며 위로하려 드는 사람들도 있을 것이다. 그렇다면 자기가 싫어하거나 증오하는 집단이 자기를 무행동으로 따돌린다면 고통이 과연 없을까?

이것을 알아보기 위해 윌리엄스는 온라인상에서 한 명의 실험 참가자를 두 명의 실험 도우미와 공을 주고받는 게임에 참가하게 했다. 그리고 그 전에 참가자에게 호주의 양대 정당인 노동당과 자유당, 소수당인 호주 백인우월주의당(호주판 'KKK')에 대한 호감도와 지지도를 표시하게 한 다음, 게임을 시작하게 했다.

참가자의 아바타 옆에는 자신이 지지하는 당의 로고가 표시되고 두 명의 실험 도우미 아바타 옆에는 다른 당인 백인우월주의당의 로고가 표시되었다. 보통의 대학생인 참가자가 백인우월주의당을 아주 혐오한다는 것은 공 주고받기 놀이를 하기 전에 행한 설문 조사에서 이미 확인한 상태였다. 이런 상황에서 자신이 혐오하는 집단인 백인우월주의당 사람들이 자기를 따돌렸을 때 참가자는 어떤 반응을 보였을까?

실험 결과, 자신이 속한 정당 사람들에게나, 다른 경쟁 정당 사람들에게나, 심지어 자신이 혐오하는 정당 사람들에게 무행동 따돌림을 당할 때 심리적 상처를 받는 것으로 나타났다. 그것이 온라인상에서 행해지더라도 말이다. 상대가 자신이 싫어하는 집단이든, 그 결과가 이익으로 이어지든 간에 따돌림을 인지하는 순간 우리는 따돌림에 본능적·즉각적으로 반응한다는 것이다. 마치 맛있는 음식을 보면 본능적으로 입에 침이 고이는 것과 비슷하다. 음식이 눈앞에서가 아니라 텔레비전에서 맛있게 보일 뿐인데도 입안에 침이 고이고, 그 침을 삼키고 나서야 우리는 그 음식을 먹을 수 없음을 깨닫게 되듯이 말이다.

집단은 소외감을 느끼게 하는 것을 무기로 삼아 개인이 반사회적인 행동을 하는 것을 지양하게 한다. 사회심리학자들은 소외감을 느끼게 하는 것은 성원에게 집단의 부정적 의견을 효과적으로 전달하는 사인으로서, 성원이 집단의 일에 동조하고 집단을 위한 일들(사냥하기, 집짓기, 농사짓기 등)에 적극 참여하게 한다고 말한다. 즉 소외감은 집단이 개인을 심리적으로 속박하는 데 쓰는 도구와 같다는 것이다.

만약 소외감을 느끼게 하는 것이 집단에 효용이 있다는 말이 사실이라면, 따돌림은 집단에 반하는 행동을 하는 비사회적 개인에게 더 집중적으로 나타난다는 가설이 성립된다. 독일의 사회심리학자 젤마 루데르트Selma Rudert 연구팀이 시행한 설문 조사에 따르면, 사람들은 낮은 동조성으로 남의 말에 반대하는 성향을 가지고 있는 사람이나 낮은 성실성으로 전반적으로 매사에 게으른 사람을 무행동으로 따돌리겠다고 답했다.[18] 그리고 실제 생활에서도 동조성이나 성실성이 평균보다 낮은 사람들이 평균보다 높은 사람들보다 무행동 따돌림을 당한 경험이 많다고 말했다.

흥미롭게도 호감도보다 동조성과 성실성이 무행동 따돌림과 더 깊은 연관이 있었다. 아무리 호감도가 높아도 동조성이나 성실성이 낮은 사람들은 무행동 따돌림을 당할 확률이 높았다. 반대로 호감도가 낮더라도 동조성이나 성실성이 높은 사람은 따돌림을 덜 당했다. 이 사실은 우리에게 많은 것을 시사한다. 소외감을 느끼게 하는 것은 집단이 무언의 힘으로 개인을 집단에 동조하고 성실히 일하도록 만드는 심리적 회초리라 볼 수 있다.

따돌림 경보와 인정 욕구

인간은 집단과 자신의 경계를 혼돈한다. 이 때문에 자신이 집단에 속하고 있지 못하다고 느끼는 소외감은 존재 자체를 위협하는 감정이다. 소외감은 우리가 쉽게 조절할 수 있는 감정이 아니다. 인간은 아주 작은 따돌림의 낌새(눈빛의 변화, 말투, 말하는 속도 등)만 보여도 '따돌림' 경보가 강하게 발동한다.

진화심리학의 관점에서 원시 농경시대에 따돌림당하는 근본 원인을 찾지 않고 따돌림에 무덤덤하게 대처한 인간은 집단에서 배척되고 쫓겨나 맹수에게 잡아먹혔을 가능성이 크다. 따돌림당하고 있는데도 그것을 눈치채지 못하는 인간 조상은 따돌림당하고 있지 않는데도 따돌림당하고 있다고 생각하는 인간 조상보다 사망할 확률이 더 높았다. 이렇게 따돌림에 예민하게 반응하는 것은 생존하는 데 도움이 되었다. 이런 이유로 우리는 소외감에 민감하도록 진화했다.

소외감은 인간 사회에만 있는 것이 아니다. 사회에서 문제되고 있는 고독사가 원숭이들 사이에서도 나타난다. 얼마 전 야생 원숭이를 상대로 한 연구에서 따돌림당한 원숭이들이 그렇지 않은 원숭이들에 비해 질병에 걸릴 확률이 높다는 것이 밝혀졌다. 영국의 생물학자 카테리나 존슨Katherina Johnson과 공동 연구자들은 약 2년간 푸에르토리코 동쪽의 카요 산티아고섬에 사는 야생 원숭이 38마리의 행동을 연구했다. 원숭이 각각이 어느 정도 자주 다른 원숭이들과 어울리는지 그 빈도를 측정한 다음 그들의 대변을 채취해 그 안에 좋은 균과 나쁜 균이 어느 정도 있는지 조사했다.[19]

야생 원숭이의 몸에는 서식지에서 주식으로 삼는 풀과 나무의 소화를 돕는 효소가 있다고 한다. 원숭이들은 공동 숙식 공간과 친목을 도모하는 그루밍을 통해 이 효소를 서로 나눈다. 원숭이들이 '친하게 지내자' 또는 '너를 아낀다'는 표현으로 손가락에 자신의 침을 묻혀 상대의 털을 샅샅이 골라 주는 것을 그루밍이라고 하는데, 그루밍을 제안하는 것 그리고 그것을 받아들이는 것은 사회적으로 인정을 받았음을 의미한다.

집단에서 따돌림당하는 원숭이들은 성원으로 인정받고 있는 다른 원숭이들에 비해 필수 소화 효소가 현저히 부족해져 건강에 문제가 생길 확률이 높다. 외톨이 원숭이는 우울증을 앓는 인간에게 빈번하게 나타나는 박테리아가 정상치보다 많이 발견되었다.

또한 초식동물은 집단에 속하지 못하면 포식자의 표적이 되어 잡아먹히기 쉽다. 많은 초식 동물이 무리를 방패로, 포식자에 대항하는 보호막으로 사용하고 있다. 그리고 본능적으로 그 사실을 아는 듯 무리에서 이탈한 동물은 죽을 힘을 다해 자신의 무리에 합류하려 한다. 인간이 집단에 속하고자 하는 본능도 이런 동물의 간절함과 흡사하다.

집단에 속하지 못한 사람은 심리적 고통을 겪는데, 그것은 사회적 죽음, 즉 사회적으로 자신의 존재를 부정당하는 것과 같다. 사고를 당해서 신체적으로 고통받는다면 그 고통은 평생 기억된다. 마찬가지로 소외감으로 겪는 고통도 우리 뇌에 씻을 수 없는 고통으로 각인된다, 내가 20년 전 대학원 회의실에서 느낀 소외감을 아직도 생생히 기억하듯이 말이다.

인간은 집단에서 고립되었을 때 극심한 공포를 느낀다. 독방 수감은 오늘날에도 최악의 범죄자에게 내려지는 형벌이다. 비사회적인 성격의 극악한 범죄자도 독방에서 생활하면 정신과 육체가 현저히 약해진다고 보고된 바 있다. 자신을 봐 주거나 자신과 이야기하거나 자신의 행동에 반응해 줄 어떤 존재도 없는 상태가 지속되기 때문이다.

무행동 따돌림을 당한 사람은 왜 자신이 그런 일을 당하게 됐는지에 골몰하면서 그 이유를 제일 먼저 자신에게서 찾으려 한다. 한 연구에 따르면 직장 내 따돌림 피해자는 자신을 자책하면서 따돌림당하기 전보다 더 열심히 일한다고 한다. 따돌림받는 것을 피하기 위해서 말이다. '왜 오늘 친구들이 나를 차갑게 대했지?'라는 생각이 들면 '내가 실수했나? 아님 자리에 맞지 않는 옷을 입고 갔나? 뭘 잊어버렸나?'처럼 생각이 꼬리를 물고 이어져 결국 본인을 바꿔서 집단에 맞추려고 한다. 이런 무행동 따돌림의 메커니즘은 자신을 한없이 초라하게 느끼게 하며 개인이 집단의 힘에 굴복하도록 만든다.

종교 집단에서도 무행동 따돌림은 새로운 교인이나 말을 잘 안 듣는 교인을 효과적으로 다루는 도구로 쓰인다. 학교 친구 집단에서도 무행동 따돌림은 새 친구가 집단에 끼려고 할 때 끼워 주지 않거나 마음에 안 드는 친구를 혼내 주는 방법으로 쓰인다. 집단 성원들이 의도적으로 미리 모의하거나 작당해서 특정 성원에게 무행동 따돌림의 방법을 쓸 수도 있고 아닐 수도 있다. 따돌리는 사람도 자신이 따돌림에 가담하고 있는지 분명치 않은 상태, 그리고 따돌림을 당하는 사람도 자신이 따돌림을 당하고 있는지 헷갈리는 상태, 즉 서로 확신이 없는 상태에서 무행동 따돌림이 나타날 수 있다는 것이 더 정확하다.

동화 〈미운 오리새끼〉에 나오는 이야기처럼 집단 안에서 확연히 다른 성원은 미움받고 따돌림당하다가 끝내는 내쳐진다. 그렇게 따돌림당한 성원은 자신을 받아 줄 다른 집단을 찾지 못하면 혼자 살아가야 하고 생의 고비를 맞는다. 미운 오리새끼는 자신이 다른 오리와 다르다는 이유로 여러 집단(처음에는 오리 집단과 그 후에는 할머니 집의 닭과 고양이)으로부터 숱하게 따돌림당하지만 나중에는 자신이 백조임을 깨달아 백조 집단에 합류한다.

따돌림당하는 개인은 어떻게 될까? 동물의 세계에서 따돌림당해 내쫓기고 포식자에게 잡아먹히고 마는 동물처럼 생존에 위협을 받게 될까? 다행히 인간은 한 집단이 아닌 여러 다른 집단에 속하기 때문에 어떤 한 집단과의 관계가 멀어진다고 해도 그 집단과의 관계가 정리될 뿐 개인의 삶이 끝나지는 않는다. 가족이라는 영속적인 집단에 속해 있더라도 10대가 되면 대부분 가족 집단에서 잠시 멀어져 친구 집단과 친밀한 관계를 맺는 것처럼 말이다. 이런 집단 구성이 변화하는 시기를 제대로 겪은 청소년은 그 후에 겪는 집단 구성의 변화에도 적절히 대처할 능력이 생긴다.

이렇게 따돌림당하거나 집단에 속하지 못한 경험들이 개인의 독창성을 발견하고 발달시키는 데 도움이 된다는 연구도 있다. 미국의 심리학자 하워드 가드너Howard Gardner는 다양한 분야에서 큰 업적을 남긴 창의적인 사람들, 즉 아인슈타인, 피카소, T.S. 엘리엇, 프로이트 등의 일생을 심리학적 관점으로 분석했다. 연구 결과, 그들 대부분이 자신이 속해 있던 집단과는 다른 생각과 행동을 한다는 이유로 따돌림당했다는 점을 밝혀냈다. 이들은 자신을 알아주는 소수의 조력자와 그들만의 집단을 이루어 그것을 심리적 기반으로 삼아 새로운 것들을 마음껏 시도하고 실패해도 굴하지 않는 용기를 얻었다.

몇 년 전, 팀 안에서 느끼는 소외감이 팀의 창의력에 어떠한 영향을 끼치는지 실험한 적이 있다. 이 실험에서는 네 명이 한 조가 되어 창의적 아이디어를 내놓는 임무를 맡았다. 그 임무를 맡기기 전에 물가상승에 대해 간단히 토론하게 한 다음, 토론 후에 모든 팀원이 서로를 평가하는 설문지를 작성하게 했다.

이 실험에는 무작위로 네 명 중 한 명에게 "다른 팀원들이 당신을 팀원으로 원치 않는다. 그 이유는 당신이 능력이 없다고 판단했기 때문이다"라며 무능력을 이유로 소외감을 느끼게 하는 조건이 있었다. 또 다른 조건에서는 네 명 중 한 명에게 "다른 팀원들이 당신을 팀원으로 원치 않는다. 그 이유는 당신이 사회성/협조성이 떨어진다고 판단했기 때문이다"라며 비사회성을 이유로 소외감을 느끼게 했다. 그 결과 능력이 없어 보인다는 이유로 따돌림당한 팀원은 따돌림당하지 않거나 사회성 부족으로 따돌림당한 팀원보다 새로운 아이디어를 더 많이 내놓았다. 다시 말해 자신의 능력을 의심하는 집단에서 느끼는 소외감이 그가 마음을 다잡고 더 많이 노력하게 했다.

누군가 무행동 따돌림을 당하고 있다면

사회관계에서 받는 스트레스 중에 무행동 따돌림이나 소외에 대한 불안감은 아주 큰 부분을 차지한다. 새 학기에 새 친구를 사귀어야 하는 경우라면 다들 같은 처지이니 그 스트레스가 덜할 수 있다. 하지만 한 개인이 특정 집단에 들어가거나 집단 안에서 일어나는 편 가르기로 분위기가 뒤숭숭한 경우에는 다른 성원과 섞이지 못할까 봐 두렵고 불안하다. 이렇게 따돌림당해서 받는 심리적 고통은 신체적 고통을 관장하는 뇌 부위와 관련 있다. 그래서 사회관계에서 스트레스를 받을 것으로 예상되는 상황에서 진통제를 복용하면 고통이 줄어든다는 연구 결과도 있다.

당신이 무행동 따돌림을 알아챈다면, 어떤 물체가 눈앞에 갑자기 나타났을 때 반사적으로 자기도 모르게 눈을 감는 것 같은 심적 동요가 일어난다. 그것은 당신이 불안 장애가 있거나 대인관계에 소질이 없어서가 아니다. 원래 인간은 소외감을 본능적으로 느긴다. 소외감을 평생 느껴 보지 못했을 것 같은 사람도 소외 경험을 토로하는 경우가 많다. 그만큼 소외감은 집단생활에서 슬픔이나 기쁨만큼이나 자주 느끼는 감정이다.

"저 친구는 우리한테 따돌림당해도 아무 상관 안 할 걸?", "자기가 따돌림당하는지도 모를 텐데 뭐", "말 안 거는 게 뭐 큰일이겠어?" 하며 지레 짐작하지 말아야 한다. 사람은 따돌림당하고 있다면 그것을 아주 재빠르게 눈치채는 능력이 있으며, 말을 걸지 않는 것과 같은 소소한 따돌림 행동을 보여도 다른 사람에게 심리적 불안과 충격을 주기에 충분하다.

우리는 친구가 따돌림당하는 고통을 토로하면 이렇게 말하곤 한다. "너도 어른이니 감정적으로 말고 이성적으로 생각해", "그래도 그 집단에 계속 있는 게 너한테는 이득이잖아. 그걸 먼저 생각해 봐." 하지만 무행동 따돌림으로 받는 본능적인 고통은 이런 조언으로 없어지지 않는다. 오히려 이런 조언은 따돌림으로 스트레스를 받는 자기 감정을 부정하거나 다른 사람들은 그 감정을 대수롭지 않게 여긴다고 느끼게 할 수 있다. 친구에게 도움이 되고 싶어 한 말이지만 친구는 자기 감정을 알아주지 않는다고 생각해서 더 상처받을 수 있다.

무행동 따돌림을 당하는 사람들은 자기가 느끼는 감정이 어떤지 갈피를 잡을 수가 없다. 무행동 따돌림은 자기 혼자만 당하는 일이다. 집단의 다른 사람들은 모르거나 모르는 체 하는 것이 무행동 따돌림의 특징이다. 가해자는 "우리는 가만히 있었을 뿐이야. 당신이 예민한 거지"라며 따돌림의 원인을 피해자에 돌리는데, 이는 무행동 따돌림을 감추는 덮개처럼 쓰인다.

피해자는 자신이 느끼는 감정이 허상일지 모른다는 생각에 머리가 돌아 버릴 것 같다. 무행동 따돌림을 당하는 것도 슬프고 다른 사람들에게 자신의 존재를 부정당하고 있는 것도 서러운데, 이제는 자신의 정신세계를 의심하게 된다. '내가 왜 이러지? 편집증이 있어서 그런 건가? 내가 잘못 생각하고 있나?' 하고 말이다. 그러므로 무행동 따돌림을 당하는 친구가 당신에게 자신이 겪은 일을 하소연할 때 "네가 이상하게 생각하는 것 아니냐"고 친구의 감정을 부정하는 일은 그에게 도움이 되지 않는다. 그 친구를 탓하는 꼴이 되기 때문이다.

미국에는 사일런트 트리트먼트silent treatment라는 것이 있다. 의도적 집단 따돌림의 한 형태로, 집단이 합심해서 한 개인을 투명인간 취급함으로써 그가 느끼는 소외감을 극대화하는 것이다. 다시 말해 새로 집단에 들어오거나 자기 마음에 안 드는 성원이 있으면, 단체로 그에게 한동안 또는 계속 말을 걸지 않는 것이다. 한마디로 어떤 사람이 자기 마음에 들지 않음을 드러내는 소극적인 표현 방식이다. 연구에 따르면 집단의 이러한 소극적인 비호감 표현은 한 사람의 기분과 자존감에 상당히 해로운 영향을 준다고 한다.

어떤 사람을 무행동으로 따돌리는 사람은 이런 따돌림이 별일 아니라고 생각해 종종 자기가 피해자를 양산하고 있다는 사실을 알지 못하는 경우가 있다. 아무리 착한 사람이라도 마음에 안 드는 사람이 있다면 뭐라고 말로 하기보다 그냥 가볍게 눈치를 주는 식의 따돌림은 괜찮다고 생각하기 쉽다. 그런데 따돌림당하는 사람은 상대가 "말을 섞지 않겠다"는 의사를 표현한다고 생각하기보다 "말조차 섞기 싫다"와 같이 자신을 싫어하는 마음을 강하게 드러낸다는 느낌을 받는다. 이렇게 무행동 따돌림을 당한 사람은 오랫동안 자기가 뭔가 모자라고 부족해서 이런 상황에 처한 건 아닌가 하며 끊임없이 자신을 되돌아보고, 이는 결국 자존감 하락으로 이어진다.

누군가가 당신 기준에 맞지 않게 행동하더라도, 그가 그로 인해 따돌림당하며 고통받을 이유가 있는지 생각해 봐야 한다. 한 연구에 따르면 따돌림당하는 사람은 슬픔을 느끼지만 의식적으로 따돌리는 사람도 마음이 그리 편치는 않다고 한다. 죄책감, 후회, 미안함이 뒤섞인 기분 나쁜 감정을 느끼기 때문이다. 무행동 따돌림은 피해자에게 상당한 심리적 고통을 주기 때문에 피해자를 더욱더 위축시킬 수 있다. 그리고 심리적 위축은 같은 행동을 반복하는 실수를 범하게 한다. 결국 행동을 바꾸는 데 오히려 해가 될 수도 있다.

만약 어떤 사람에게 문제가 있거나 마음에 안 드는 점이 있어 그의 행동을 바꾸고 싶다면, 무행동으로 따돌리기보다 그에게 다가가 이야기해 보자. "우리 집단은 사정상 이러저러하니 네가 이러이러하게 해 주었으면 좋겠다"라고 말이다. 말 없는 싸늘함보다는 이런 말이 그를 덜 괴롭히고, 그를 효과적으로 변화시킨다. 그리고 그렇게 나서서 자신을 도와주려고 한다는 것 자체가 따돌림당하고 있는 이들에게는 고맙게 느껴진다.

여러 무행동 따돌림 연구에서는 이유를 모르고 당하는 따돌림이 이유를 알고 당하는 따돌림보다 괴로움을 느끼는 정도가 높았다. 사람들이 왜 자신을 따돌리는지 이유를 알기라도 하면, 따돌림당하는 사람은 뭐라도 할 수 있다. 이유가 있어 당하는 따돌림에는 자기가 그 이유를 없애면 다시 집단의 일원이 되리라는 희망이 있다.

당신이 피해자라면, 그리고 이유는 모르지만 집단이 자신을 싸늘하게 대한다는 느낌이 든다면 용기를 내어 집단의 한 사람에게 이유를 물어보는 것이 좋다. 이때 다수에게 묻기보다 한 사람에게 물어보는 것이 더 좋다. 인간은 일대일로 상대할 때 생각이나 감정을 더 깊게 나누기 때문이다. "제 행동이 눈에 거슬리거나 마음에 안 드신다면 어떤 점을 고쳐야 할지 알고 싶습니다"고 조언을 구해 보자. 적어도 어떻게 해야 이 감정에서 벗어날지 방법이라도 알게 될 것이다.

하지만 상대가 "아무도 따돌린 적이 없는데 왜 호들갑을 떠는지 모르겠네. 민감하게 굴지 않는 게 좋을 거야"라는 식으로 당신의 감정을 묵살하거나 "그냥 이유 없이 당신이 다 마음에 안 들어"라고 한다면, 그 집단에서 하루라도 빨리 빠져나와야 한다. 당신을 도와줄 생각이 없는 집단이기 때문이다.

2부

개인의 성장과 집단의 성공을 결정짓는 조건

5장

어떤 집단이 더 똑똑할까

사람들은 인간만이 저마다 사회적 역할을 나눠 하고 도시를 이루어 산다고 생각한다. 하지만 개미와 꿀벌 같은 동물 또한 인간의 대도시와 같은 곳에서 집단 전반을 꾸리는 각종 기관을 갖추고 곳곳을 연결하는 크고 작은 길을 만들면서 서로 다른 역할을 맡은 성원들이 소통·협동하며 살아가고 있다. 집단을 이루고 사는 동물 중에서 개미와 꿀벌은 체계적인 집단생활을 하고 있어 많은 과학자의 연구 대상이 되기도 했다.

집단심리학 수업 시간에는 이 질문으로 강의를 시작하곤 한다. "여러분, 꿀벌 집단과 인간 집단 중에 어떤 집단이 더 똑똑할까요?" 학생들은 의아해하면서도 질문의 의도로 보아 꿀벌 집단 같다는 추측성 발언을 한다.

그렇다면 꿀벌의 의사결정 과정을 살펴보자. 꿀벌은 다른 곳으로 벌집을 옮기기 전에 정찰팀을 꾸려 저마다 자기가 맡은 지역을 정찰한다. 꿀벌A는 동쪽, 꿀벌B는 서쪽, 꿀벌C는 남쪽, 꿀벌D는 북쪽 등으로 말이다. 정찰이 끝난 뒤에 꿀벌은 몸짓언어로 집단 회의에서 자기가 정찰한 지역의 환경이 살기에 적합한지 여부를 알린다. 먼저 자기가 돌아본 지역이 어느 방향으로 얼마만큼 떨어져 있는지를 춤을 추는 방향과 춤의 떨림의 정도로 알린다. 그리고 그 지역이 살기에 안성맞춤이라면 자신이 채집한 꽃들의 샘플을 나눠주며 힘껏 춤을 춘다.

꿀벌 집단의 의사결정 과정은 사나흘에 걸쳐 진행되는데, 첫날에는 모든 정찰 벌의 의견을 공정하게 충분히 들어본다. 둘째 날부터는 그중에서 제일 알맞은 몇몇 곳을 추려 가며 가장 좋은 곳을 선택한다. 꿀벌 한 마리가 혼자서 결정을 내려야 한다면 이곳저곳을 정찰하는 데 훨씬 더 많은 시간이 들겠지만, 꿀벌들은 각자가 맡은 조사, 그리고 공정한 집단 토론을 통해 짧은 시간 안에 여러 의견을 모아 최적의 결론을 내린다.

이처럼 꿀벌 집단의 의사결정 과정이 모범적인 이유는 저마다의 경험과 사실을 바탕으로 자기 의견을 내놓기 때문이다. 다시 말해 꿀벌 집단에서는 각자의 의견이 독립성을 가진다. 예를 들어 꿀벌A가 더 많은 인기를 얻기 위해 사실과는 다르게 춤을 길게 춘다거나, 꿀벌B가 강하게 자기 의견을 피력한다고 해서 덩달아 다른 꿀벌들도 자기 의견을 부풀리는 일은 하지 않는다. 또한 꿀벌 집단의 집단 토론에는 공정성이 있다. 꿀벌A가 다른 꿀벌보다 덩치가 크다고 해서 꿀벌A의 의견을 공정한 절차 없이 따른다거나 꿀벌B가 덩치가 작다고 해서 그의 의견을 무시하지 않는다. 모두의 발언을 들어보고, 모두 정해진 절차를 따른다.

인간도 집단 토론을 통해 의사결정을 하는 경우가 많다. 법·비즈니스·정치 분야에서도 여러 사람이 의견을 나누고 집단 토론을 통해 결정하기를 더 선호한다. 기업에서 새로운 전략을 논의할 때, 대학에서 과목 수를 늘리거나 줄일 때, 국회가 새로운 법안을 제출할 때, 배심원단이 형량을 결정할 때, 그리고 가족이 새로운 곳으로 이사 갈 때도 여러 사람의 의견을 모아 결정한다.

인간 집단의 의사결정을 꿀벌의 그것과 비교하면, 많이 불공정하고 불충분해 보인다. 꿀벌은 자신이 정찰한 곳의 특징을 아주 정직하게 다른 이들에게 전달하며 토론을 한다. 꿀벌은 한 꿀벌이 다수와 다른 의견을 갖고 있는 소수 의견자라고 해서 인간처럼 그 꿀벌을 무시하거나 따돌리지 않는다. 또한 꿀벌은 줏대 없이 남의 의견을 따라 결정하지도 않는다.

집단 지성을 효과적으로 이용하려면

앞서 말했듯이 인간은 무언가를 결정할 때 자신의 판단보다 남의 의견에 의존하는 경향이 있다. 자신의 의사를 결정하는 데 있어 기존의 정보나 남의 판단을 따르는, 이른바 정보의 폭포 현상information cascade에 빠진다.[20] 모두가 대박이 난다고 생각했던 신종 암호 화폐, 수백 억의 투자를 받아 낸 스타트업 기업 등은 사람들이 저마다 스스로 생각해서 결정한 결과라고 보기 어렵다. 그보다는 남의 의견에 따라 움직인 대중이 만든 것이다.

지금 이 시간에도 아무도 기억하지 못하는 수많은 가수와 아이돌 지망생들이 자신의 실력과 노력을 대중에게 인정받는 그날을 고대하며 매일매일을 치열하게 노력하고 있다. 음원 사이트에는 매일 수많은 노래가 올라오지만, 어떤 음악은 순위가 높은 데 비해 어떤 음악은 대중의 주목을 받지 못한다. 그런데 대중의 선호도와 그에 따른 인기가 정보의 폭포 현상에 따른 결과라면 어떨까?

이를 알아보기 위해서 미국의 사회학자 매슈 샐거닉Matthew Salganik과 그의 연구팀은 대중에게 알려지지 않은 신곡 48개의 음원(곡명과 밴드 이름도 게재)을 10대 청소년들이 많이 찾는 웹사이트에 올렸다.[21] 그러고는 이 노래들을 마음껏 들어볼 수 있게 하고, 마음에 드는 노래가 있으면 다운로드해서 저장할 수 있게 했다. 이 실험에는 1만 4,341명이 참가했는데, 이들이 방문하는 사이트는 실험 조건에 따라 무작위로 두 가지가 설정되어 있었다.

하나는 다른 사람들이 어떤 노래를 다운로드받았는지에 대한 정보가 주어지지 않게, 즉 대중 선호도가 사이트에 표시되지 않게 실험 조건을 설정했다. 이 조건의 사람들은 노래를 직접 들어보고 나서 1에서 5까지 별점을 매겼고, 이 별점을 평균 낸 것을 실제적인 노래의 완성도로 보았다.

다른 하나에는 노래 옆에 이 사이트를 먼저 방문한 사람들이 몇 번 다운로드받았는지 나타나는 정보가 뜨게 하고, 먼저 방문한 사람들이 매긴 별점을 볼 수 있게 했다. 즉 대중 선호도가 표시되게 실험 조건을 설정했다. 이런 실험 조건을 여덟 번 실행했는데, 이 실험에서는 이를 '여덟 개의 세상'이라고 불렀다. 여덟 번 실행할 때마다 먼저 방문한 사람이 달랐기 때문에 그들이 매긴 별점과 다운로드 수도 달랐을 것이다.

다른 사람들의 선호도를 모르게 한 실험 조건에서는 사람들이 노래를 들을 때 오롯이 자신의 음악적 취향과 경험에 따라 별점을 매겼다. 다시 말해 이런 상황에서는 개인이 자신의 두뇌를 사용해서 내린 평가라는 것이다. 그에 반해 다른 사람들의 선호도를 알게 한 조건에서는 음악의 수준이 대중의 인기와 크게 동떨어졌다.

'여덟 개의 세상'은 웹사이트 업로드 초반에 다른 사람들이 매긴 별점에 크게 영향을 받아, 각각의 실행에 참여한 사람들이 어떤 실행에 참여했는지에 따라 다른 노래들을 선호하는 현상이 나타났다. 이 조건에서 사람들이 노래를 평가할 때는 기존 평가를 참고하기 때문에 다른 사람들이 좋다고 한 노래를 더 많이 다운로드하고 더 선호했다. 본인의 두뇌를 사용하기보다 남의 의견을 따라 결정한 것이다. 이런 집단에서는 처음에 적은 수의 사람들이 매긴 별점이 그다음 사람들에게 영향을 미치며 선호도가 점차 부풀려졌다.

누가 들어도 너무 좋다고 판단이 되어 입을 모아 칭찬하는 노래 몇 곡을 빼 놓고는, 대부분 노래의 인기는 정보의 폭포 현상에 의해 크게 왜곡되었다. 수준이 낮은 노래지만 처음에 높은 별점을 몇 개 받아 운이 좋았던 노래는 크게 사랑받은 반면, 수준이 높은 노래라도 운이 없어 낮은 별점을 받고 처음 몇 사람에게 외면받은 노래들은 묻혀 버렸다.

이와 같이 집단 성원이 남의 말을 따라 어떤 문제를 별 생각 없이 결정하게 되면 집단은 분별력을 잃는다. 그렇게 되면 집단 안에서 높은 평가를 받더라도 그 집단의 평가는 정보 폭포 현상이 만들어 내기에 집단 밖에서 인정받지 못하거나 비웃음을 산다. 그러므로 집단이 어떤 결정을 내릴 때 그 집단 성원의 능력을 최대로 이용하려면, 개인이 남의 의견을 따라서 결정하기보다 스스로 생각해 의견을 내게 하는 것이 중요하다. 생각 없이 남의 말을 들으면, 스스로 생각하려는 의지를 잃고 집단의 의견이나 결정에 묻어가게 된다. 이런 인간의 특성을 극복할 때 인간은 꿀벌 집단 같은 똑똑한 집단을 이룰 수 있다.

기업에서는 집단이 언제 더 똑똑하게 행동하고 능력이 올라가는지를 분석해 이를 판매 예측에 활용한다. 미국의 전자 제품 유통업체 베스트바이는 해마다 어떤 상품이 어느 만큼 팔릴지 예측한다. 예를 들어 삼성냉장고가 3천 대 팔릴 것이라고 예상하고 준비했는데 1천 대밖에 팔리지 않았다면 나머지 냉장고를 넣을 창고 비용, 삼성에 지급한 냉장고 값 등으로 금전적 손해를 보기 때문이다. 반면에 준비한 3천 대의 냉장고가 몇 달 만에 동난다면 소비자들은 다른 유통업체에서 삼성냉장고를 구입할 것이다.

베스트바이가 취급하는 가전제품의 종류만도 수백 가지여서 제품 하나하나가 어느 만큼 팔릴지 정확하게 예측하기란 보통 어려운 일이 아니다. 베스트바이는 연구 끝에 회사 인트라넷에 주식 시장 같은 예보 시장을 열고, 직원들에게 각자 자신의 예측치를 인트라넷에 입력하게 했다. 그러고는 실제 판매량과 가장 가까운 예측치를 올린 직원에게 소정의 상금을 주기로 했다. 그 결과 직원들의 평균 예측치가 예측 전문가로 구성된 전담 부서에서 내놓은 것보다 훨씬 더 정확하게 들어맞았다. 이는 집단 지성을 이용하려면 개개인이 결정을 내릴 때 최대한 자신의 두뇌를 쓰도록 동기부여를 하는 전략이 필요하다는 것을 보여 준 예다.

이렇게 정보의 폭포 현상을 최소화하는 가장 간단하고 쉬운 방법은 개인이 주체적·독립적으로 낸 의견의 평균을 내는 것이다.

이를 개인 평균법이라고 한다. 다시 말해 집단 토론을 하지 않고 다른 사람의 지식이나 선호하는 의견을 알지 못하는 상태에서 각각의 개인이 내린 결정을 총합하는 방식이다. 하지만 이 방법은 팀에서는 그리 자주 쓰이지 못한다.

현실 생활에서 성원들이 토론을 통해 일을 해결해야 하는 일은 아주 많다. 예를 들어 서울에서 부산을 잇는 고속도로를 놓는다거나 다른 나라와 전쟁을 한다거나 혁신적인 제품을 내놓는다거나 새로운 법을 제정하는 데에도 토론 없이 집단 성원이 자기의 생각만으로 결정하는 것은 있을 수 없다. 이런 복잡한 문제들은 다양한 분야의 전문가나 이해 당사자들이 서로의 지식과 관점을 토론을 통해 알리고 이로써 해결해야 하기 때문이다. 결국 오늘날의 인간 집단에게 토론이란 필수불가결하며, 토론의 질은 집단의 성공을 좌우한다.

한국전쟁에 관한 재니스의 집단 사고 연구

무슨 연구를 하느냐는 질문을 받을 때면, 나는 간단히 말해 "집단 사고groupthink를 연구한다"고 이야기한다. 집단 사고는 집단 내에서 의견을 일치하려는 심리적 압박이 큰 나머지 집단의 현실적인 상황 파악 능력, 그리고 정보처리 능력 등이 떨어지는 것을 말한다. 집단 사고는 대부분의 사람이 알고 있고 영어 사전에도 등재된 용어이기에 소수와 다수의 힘, 또는 잘못된 팀워크 등에 관해 구구절절 설명하는 것보다 훨씬 더 효과적으로 그 의미를 알릴 수 있다.

집단 사고라는 말을 처음 쓴 사람은 미국의 심리학자 어빙 재니스Irving Janis다. 재니스는 1982년에 출간된 그의 저서 《집단 사고Groupthink》에서 조지 오웰의 소설 《1984》에 나오는 "이중사고Doublethink, 두 개의 상반된 내용을 받아들이는 현상"라는 용어에 빗대어 미국 대통령과 그를 보좌하는 최고의 전문가들이 모인 엘리트 집단이 최악의 결정을 내리는 것을 집단 사고라고 칭했다.

재니스의 집단 사고 연구는 미국의 최고 각료들을 대상으로 행해졌고, 그의 연구 결과는 미국 사회와 학계에 큰 영향을 끼쳤다. 자유로운 의사 표현과 다수결의 원칙이 기본으로 지켜지는 민주주의가 가장 공정하고 현명한 정치 방법이라고 굳게 믿는 미국에서 대통령과 엘리트로 구성된 내각의 결정 때문에 최악의 실패로 끝난 일들이 일어났고, 이를 재니스가 파헤침으로써 민주주의의 이상과 현실의 괴리를 보여 주었기 때문이다. 재니스는 미국 대통령과 각료들이 실패로 끝난 정책을 세운 이유는 그들이 정보가 부족해서도, 각료들의 의견을 수렴하지 않아서도, 리더가 능력이 부족해서도 아니었음을 밝혀냈다.

재니스는 집단 사고의 사례 중에서 한국전쟁에 관한 미국의 대응을 비중 있게 다룬다. 한국전쟁과 관련해서 트루먼 대통령과 그의 각료들이 집단 사고의 오류를 두 번 범한 것으로 밝혀졌는데, 첫 번째는 북한의 남침 경고를 무시하고 계속 안이하게 반응한 것이고 두 번째는 38선을 회복하는 데서 멈추지 않고 북진을 추진해 최악의 인명 피해를 입었고, 제3차 세계대전까지 날 뻔한 상황을 만들었다는 것이다.

인천상륙작전의 성공으로 전세가 역전되어 남한이 한국전쟁에서 유리한 고지를 점하자 트루먼의 각료들은 한국전쟁에 참여한 목적을 진지하게 되짚어 보지 않고 한국전쟁의 성공을 38선 수복이 아닌 북한의 민주주의화로 정의했다. 자국의 군인들, 그리고 한국인이 처한 실제적인 문제들을 뒤로하고 민주주의 대 공산주의라는 이념 전쟁으로 한국전쟁의 의미를 변질시킨 것이다.

이로써 북진에 반대하는 사람에게는 민주주의를 반대하고 공산주의에 찬성하는 사람, 즉 공산당 첩자라는 프레임을 씌웠다. 그 당시 회의에 참석한 사람들의 증언에 따르면, 트루먼에 대한 존경심과 그의 리더십으로 뭉쳐진 이 집단은 인천상륙작전을 성공적으로 수행하면서 반대 의견을 내놓을 수 없는, 하나의 의견만 인정하는 집단으로 변해 갔다고 한다.

집단 사고는 집단의 의사결정 과정에서 공정하게 의견 수렴을 하지 못 하는 것을 말하므로 그 결과가 실패로 끝날 확률이 훨씬 높다. 집단 사고를 하는 집단은 현실을 올바로 인식하지 못해 일을 그르친다. 또한 집단 사고를 하는 집단의 프레임 씌우기는 자기 나라와 의견을 달리하는 다른 나라를 상대할 때도 적용된다.

인천상륙작전이 성공하고 그에 대한 반격으로 중공군이 인해전술을 펼치기 시작할 때까지 약 두 달간 수십 차례의 집단 토론이 있었다. 북한과 북한을 지원하는 중공군의 심상치 않은 움직임을 알리는 정보가 있었고 북진할 경우 중공군이 대대적으로 개입하겠다며 중공 측이 수차례 경고한 바 있었다. 하지만 트루먼의 각료들은 이념 대결에만 치중하여 중국을 소련이 조종하는 힘없는 꼭두각시이자 허풍쟁이로 치부해 버렸다. 미국 정보국의 한 보고서에 따르면 "정보가 없어서 문제가 아니었다. 하지만 그 정보가 의미하는 달갑지 않은 (북진의) 결과를 수차례의 집단 토론에서 무시한 것이 큰 실수였다."

이후 중공군의 대대적인 인해전술로 미군은 한국전쟁 기간 동안 가장 많은 사상자를 냈다. 이것은 미국 전쟁 역사 중에 가장 길고 치욕적인 후퇴로도 알려져 있다. 수복했던 서울을 다시 빼앗겼고 전쟁은 그 후로 2년여 동안 고통스럽게 이어졌다. 트루먼 정부는 북진 결정으로 한국전쟁에서 가장 큰 오점을 남겼다. 그런데 트루먼 정부는 북진 전략의 실패를 언론의 탓으로 돌렸다. 공정했어야 할 언론이 공산당 자본을 받고 현 정부를 탓하는 여론을 형성했다고 몰아세우며 자신들의 실책을 부정하는 모습을 보였다.

집단심리학자들은 인간이 그간 살아온 환경 때문에 집단 사고 현상을 겪는 것이라고 말한다. 남의 의견을 쉽게 받아들이고, 집단의 일관성에 집착하는 특성은 빠른 시간 안에 의견을 일치시켜야 하는 경우에는 도움이 되며 아주 유용하다. 이는 인간이 집단이 내리는 결정의 정확성보다는 집단 성원 간의 응집력이 더 중요한 환경에 적응해 살아왔기 때문이다. 다시 말해 꿀벌 집단처럼 특정 먹이가 있는 환경을 찾아가며 적응하기보다 인간 집단은 사막이나 극지방 같은 어떤 열악한 환경에서든 집단의 응집력을 발휘해 살아왔다는 것으로도 풀이된다.

히든 프로파일: 공통 정보 편향성

우리가 의사결정 과정에서 집단 토론을 하는 가장 큰 이유는 집단에서 더 많은 지식과 정보를 공유할 수 있기 때문이다. 예를 들어 한 사람이 '영희는 학교에 간다'는 정보만 갖고 있을 때보다 '영희는 학교에 간다', '영희는 아르바이트하러 간다', '영희는 체육관에 간다' 등등 각각 다른 정보를 갖고 있는 세 사람이 모일 때 영희의 일과를 더 정확히 알 수 있다. '영희는 학교에 간다'라는 똑같은 정보를 갖고 있는 사람 세 명이 모여서 하는 토론은 하나마나다. 토론을 실속 있게 하려면 서로 다른 정보와 관점을 갖고 있는 사람들이 모여 이야기해야 한다. 집단 토론의 이점은 의견의 다양성에서 온다.

하지만 실제로는 집단 토론에서 사람들이 정보의 다양성을 제대로 활용하지 못해 시간 낭비식 의사결정을 하는 것으로 나타났다. 집단심리학에는 히든 프로파일hidden profile이라는 패러다임이 집단 안에서 정보의 다양성을 연구하는 데 쓰인다. 집단 안에서 모든 정보가 집단원에게 공유되는 것이 아니라 어떤 정보는 모든 집단원이 갖고 있지만 어떤 정보는 개별 집단원 각자가 갖고 있는 상황이 나타난다. 예를 들어 가족이 서울에서 강릉으로 이사하는 문제를 논의할 때 "강릉은 서울에 비해 물가가 싸다"는 정보는 가족 구성원 모두가 알고 있지만 "강릉은 차가 없으면 불편하다"는 정보는 아버지만 갖고 있고 "강릉은 서울보다 공기가 좋다"는 정보는 엄마와 딸만 갖고 있는 경우가 바로 그렇다.

히든 프로파일 패러다임은 이런 식으로 집단 안에서 정보가 분산되어 있는 상황을 말한다. 많은 집단이 공통된 정보와 그렇지 않은 정보를 갖고 토론을 시작하기 때문에 히든 프로파일 패러다임을 이용한 연구들은 집단의 의사결정 과정을 이해하는 데 큰 역할을 해냈다.

미국의 심리학자 개럴드 스태서Garold Stasser는 히든 프로파일 패러다임을 이용해 다양한 실험을 수행했다[22]. 실험 결과, 대부분의 사람은 집단 토론에서 정보의 다양성을 이용하지 못할 뿐 아니라 토론을 통해 정보의 획일성이나 통일성을 이루는 데 집중한 나머지 제대로 된 결정을 내리지 못했다. 이런 집단 토론의 특징 때문에 형사팀은 유력한 용의자는 제쳐두고 엉뚱한 사람을 범인으로 지목하는가 하면, 임용 심사 위원들은 객관적으로 더 적합한 후보를 두고 상대적으로 열등한 후보를 임명하기도 한다.

예를 들어 A, B, C, 이 세 사람이 모여서 지역 국회의원 후보들(김말 후보자와 백곰 후보자)에 관해 이야기를 나누는데, 다음과 같이 세 가지 정보가 있다고 해 보자. 정보1 – 김말 후보자는 횡령 혐의

A	B	C
정보1. 김말 후보자는 횡령 혐의로 고소되어 재판이 진행되고 있다.	정보1. 김말 후보자는 횡령 혐의로 고소되어 재판이 진행되고 있다.	정보1. 김말 후보자는 횡령 혐의로 고소되어 재판이 진행되고 있다.
정보3. 백곰 후보자의 두 아들은 모두 병역면제를 받았다.		정보2. 백곰 후보자는 음주 운전을 한 적이 있다.

그림9 세 후보에 대해 가지고 있는 공통 정보와 비공통 정보

로 고소되어 재판이 진행되고 있다. / 정보2 – 백곰 후보자는 음주 운전을 한 적이 있다. / 정보3 – 백곰 후보자의 두 아들은 모두 병역면제를 받았다. A는 정보1과 3을, B는 정보1만을, C는 정보1과 2를 갖고 있다. 정보1은 흔한 공통 정보이고, 정보2와 3은 흔하지 않은 비공통 정보다.

집단 토론 본연의 목적은 다양한 정보, 특히 자기가 모르는 정보를 알아내 더 올바른 판단과 결정을 내리는 것이다. 세 사람의 토론을 지켜보면 확률상 정보1("김말 후보자는 지금 재판 중이래")을 제일 먼저 이야기할 확률이 높다. 모두가 다 갖고 있는 공통 정보이기 때문이다. 이제 세 사람은 정보2와 3으로 초점을 옮겨 비공통 정보에 대해 알아봐야 할 것이다.

하지만 집단 토론에서 사람들은 공통 정보를 물고 늘어지면서 오래도록 그 정보에 대해 이야기한다. 즉 했던 말을 또 하고 조금 더 덧붙이고("그러게, 내가 뭐랬어. 김말이는 낌새가 수상했다니까") 약간 뉘앙스를 바꾸면서("내가 아는 사람도 그 사람이랑 비슷한 길을 가서 이제 완전 정치판에서 자취를 감췄지") 모두가 공유하는 공통 정보를 토대로 이야기를 나누는 데 집중한다.

A가 용기를 내 자신이 갖고 있는 비공통 정보인 정보3을 이야기하면("그런데 백곰 후보자는 두 아들이 모두 허약 체질로 병역면제를 받았대"), B와 C는 처음 들어보는 정보이므로 이에 맞장구치고 토론하

기보다 일단 의심하거나("에이, 정말?") 부인한다("아닐걸"). 그래서 비공통 정보는 토론 중에 빠르게 묻히고 만다.

공통 정보에 대한 집단의 이러한 편향성은 어디에서 오는 것일까? 스태서는 이런 현상은 집단에서 인정받고 싶은 마음 때문에 생긴다고 말한다. 대개 사람은 자기 지식이나 의견을 꺼내기에 앞서 주위 사람들이 그것에 어떻게 반응할지 먼저 생각한다. 자신이 갖고 있는 정보를 아무 때나 내놓지 않고 분위기를 보고 대화의 흐름을 파악하며 다른 사람과 어떤 의견이나 지식을 나눌지, 어떤 식으로 나눌지 그때그때 조정한다.

공통 정보를 말할 때는 다른 사람들도 "어? 나도!"라며 금방 인정하고 수긍한다. 사람은 자기 의견과 맞아떨어지는 정보를 찾기 때문에 공통 정보를 이야기해 주는 사람에게 고마움을 느낀다. 또한 발언자는 남에게 자신의 정보를 인정받는 것이므로 기분이 좋아진다. 반면, 흔하지 않은 비공통 정보를 말할 때 다른 사람들은 "정말?", "확실해?"라며 의구심을 가지고 발언자는 자기 정보를 인정받지 못한 기분이 든다. 그래서 점점 비공통 정보를 내놓기 꺼려하며 공통 정보에 관한 이야기로 토론 시간을 때우게 된다.

히든 프로파일 패러다임을 통한 이런 일련의 연구 결과들은 정보가 어떻게 분포되었는지가 집단 의사결정에서 중요한 역할을 한다는 것을 보여 준다. 위의 예에서 만약 정보2와 정보3이 공통 정보이고 정보1이 비공통 정보라면 세 사람은 완전히 다른 결정을 내렸을 것이다. 정보 자체의 내용과 양은 똑같은데 말이다. 이는 아래의 실험을 통해서도 밝혀졌다.

그림10을 예로 들어 회사에서 새로운 CEO를 영입하는 심사 위원회를 조직했다고 해 보자. 심사 위원회는 임원진인 X(박임원)와 Y(최임원), Z(이임원), 이 세 사람으로 구성되어 있고, 그들은 두 명의 후보(A후보와 B후보) 중에 회사를 이끌어갈 CEO를 뽑아야 한다.

	심사 위원회		
	X	Y	Z
경우1. 모든 정보가 공유됨			
A후보	a1, a2, a3, a4, a5, a6, a7	a1, a2, a3, a4, a5, a6, a7	a1, a2, a3, a4, a5, a6, a7
B후보	b1, b2, b3, b4	b1, b2, b3, b4	b1, b2, b3, b4
경우4. 일부 정보만 공유됨			
A후보			
공유됨	a1	a1	a1
공유 안 됨	a2, a3	a4, a5	a6, a7
B후보	b1, b2, b3, b4	b1, b2, b3, b4	b1, b2, b3, b4

그림10 A후보와 B후보에 관한 자격 적합성 정보.

A후보와 B후보는 각각 다른 경험과 지원 자격 등을 갖춘 사람들이고, A후보는 일곱 가지 자격 적합성, 그리고 B후보는 네 가지 자격 적합성을 갖고 있다.

A후보의 자격 적합성 정보

a1: A는 호주국립대학을 졸업했다.

a2: A는 젊은 40대다.

a3: A는 관련 분야 대기업인 일본의 한 회사의 대표를 역임했다.

a4: A는 전략 분야 MBA를 갖고 있다.

a5: A는 현재 재직 중인 회사에서 뛰어난 지도력을 보여 주었다.

a6: A는 사회 환원에 관심이 있어 봉사 단체에서 적극적으로 활동한다.

a7: A는 세 개 외국어를 구사할 수 있다.

B후보의 자격 적합성 정보

b1: B는 멜버른대학을 졸업했다.

b2: B는 30대 시절, 관련 분야 신생 기업을 성공적으로 이끌었다.

b3: B는 글로벌 회사에서 상무를 역임했다.

b4: B는 다양한 분야에서 탄탄한 인맥을 갖고 있다.

만약 이상적인 경우라면, 즉 세 명의 심사 위원이 모두 A후보와

B후보에 관한 모든 정보를 알고 있는 경우1 같은 상태라면, 심사 위원들은 객관적으로 적합성이 더 높은 A후보를 뽑을 것이다. 하지만 심사 위원 각각이 모든 정보를 똑같이 갖고 있지 않은 경우가 더 많다. 어떤 정보는 모든 심사 위원이 갖고 있지만, 또 어떤 정보는 소수의 심사 위원만 갖고 있기도 한다.

이렇게 더 현실적인 정보 분포 중 하나인 경우4를 보면, 정보 a1은 세 명의 심사 위원이 다 갖고 있는 공통 정보지만, 정보 a2와 a3은 X만, 정보 a4와 a5는 Y만, 정보 a6와 a7는 Z만 갖고 있는 비공통 정보다. 결국 A후보의 일곱 가지 장점 중에 하나만 공통 정보고 나머지 여섯 가지 장점은 비공통 정보다. 그에 비해 B후보의 네 가지 장점에 대한 정보인 b1, b2, b3, b4는 세 명의 심사 위원 모두가 알고 있는 공통 정보다.

이런 상황에서 심사 위원들이 모여 토론한다면 어떤 결정을 내리게 될까? A후보는 객관적으로 B후보보다 더 많은 일곱 가지 자격 적합성이 있지만 심사 위원들은 A후보의 출신 대학에 대한 정보만 공통으로 갖고 있다. 그리고 다른 여섯 가지 정보는 비공통 정보인 탓에 토론장에 등장해도 영향력이 미미해 묻힐 확률이 높다. 그에 비해 B후보는 A후보보다 적은 네 가지 자격 적합성이 있지만 그 정보들은 심사 위원 모두가 알고 있는 공통 정보이기 때문에 토론 중에 자주 언급되고, B후보를 판단할 때 긍정적인 영향을 미친다. 결국 정보의 분포와 공통 정보를 좋아하는 집단의 특성 때문에 어느 후보가 더 뛰어난지와 반대되는, 실질적으로 덜 적합한 후보가 CEO로 영입되고 만다.

다양한 정보 속에서 분별력 기르기

앞서 언급한 것처럼 흔한 공통 정보를 더 믿는 경향은 우리가 집단에서 영향력을 가지려면 어떻게 행동해야 하는지 알고 싶을 때 유용한 지침이 된다. 당신이 박사 학위 네 개를 갖고 있는 천재에다 컴퓨터공학에 뛰어난 재능과 능력이 있는 사람이라고 해 보자. 그런데 회사에서 다른 중역들과 모여서 토론하는 자리에서 다른 사람들이 이해하지 못하거나 자신만 알고 있는 비공통 정보만 집중적으로 이야기한다면, 집단의 의사결정에서 당신의 영향력은 현저히 약해진다.

많은 전문가들은 자신의 전문성이 다른 이들과 차별화되는 강점임을 알고 있다. 어떤 전문가는 비공통 정보인 자신의 전문 지식이나 경험을 남에게 이야기할 때, 상대의 이해도를 고려하지 않고 자신이 알고 있는 정보를 한 번 더 포장해 어렵게 말하면 사람들이 자신을 비범하게 여겨 자신의 영향력이 커질 것이라고 생각한다.

이것은 잘못된 생각이다. 집단에서 영향력을 가진 전문가들은 집단 성원 대부분이 알고 있는 공통 의견과 정보를 인지하고 이를 이용해 대화를 이끌어 나가는 사람들이다. 더 나아가 자신의 전문 소양이 어떻게 공통 정보와 맞물려 있는지까지 알기 쉽게 설명할 수 있을 때, 전문가의 영향력은 더 커진다.

영향력을 키워 본인의 지식이나 의견이 집단에 도움이 되게 하려면 남이 갖고 있는 공통된 지식과 의견을 알아보는 것이 좋다. 그리고 그것을 폄하하지 않고 그것을 토대로 공통된 의견과 관점이 어떻게 본인의 지식 및 소견과 연관되어 있는지를 설명한다면 자신이 가진 전문 지식이 더 빛을 발할 것이다.

이외에도 집단이 공통된 의견과 지식에 쏠리는 것을 막아 주는 여러 방법이 연구를 통해 알려졌다. 그 방법 가운데 첫 번째는 비공통 정보를 들을 수 있도록 토론 시간을 충분히 확보하는 것이다. 집단 토론은 대개 초반에 공통 정보를 거론하며 시작된다. 여러 사람이 공감하는 공통 정보는 사람들을 편안하게 하기 때문이다. 집단 토론이 길어지고 중반을 향할수록 모두가 공통 정보에 지루함을 느낀다. 더 이상 공통 정보가 없는 상황('공통 정보 고갈')이 되면 비공통 정보가 등장하기 쉬워진다.

두 번째는 집단 토론을 하기에 앞서 '한 번 거론된 정보는 다시 거론하지 않는다'는 규칙을 세우는 것이다. 이렇게 규칙을 먼저 세우면 집단 성원들이 공통 정보든 비공통 정보든 한 번만 이야기하게 되어 공통 정보에 대한 집단 쏠림 현상을 막을 수 있다.

세 번째는 리더가 토론에 앞서서 집단 토론의 목적이 '의견 일치'가 아닌 '새로운 정보 탐색'임을 알리는 것이다. 그러면 그 집단은 비공통 정보가 논의되는 자리를 더 적극적으로 환영하고 비공통 정보를 더 알고 싶어 할 것이다. 이런 집단 토론에서는 공통 정보가 우세하지 못하다는 연구 결과가 있기도 하다.

네 번째는 토론 집단을 꾸릴 때 집단 성원이 저마다 맡아야 할 분야를 정하고 자신의 책임 분야에 대해 사전 조사를 한 뒤에 토론을 진행하는 것이다. 그러면 집단 성원들은 비공통 정보를 말하는 것이 자신들이 마땅히 해야 할 일이라고 생각한다. 이런 집단에서는 서로 다른 정보를 이야기하는 것을 당연하게 여기고 공통 정보에 덜 집착한다고 한다.

6장

팀워크 심리

20명 미만의 사람이 모여 공동의 과업을 수행하는 집단을 대개 팀이라고 부른다. 과거에 비해 많은 회사가 팀 중심으로 조직을 운영하고 있다. 팀은 여러 집단의 종류 중 하나이기에 팀을 제대로 운영하기 위해서는 인간 심리, 집단 심리, 그리고 팀워크 심리를 알 필요가 있다.

대학이나 대학원에서 집단심리학 수업을 듣는 학생 중에는 미래의 경영자를 꿈꾸는 학생이 많다. 개인 심리, 집단 심리, 효과적인 팀 운영 등에 대해 가르치다 보면 "리더십은 언제 배우나요?"라는 질문을 종종 받는다. 리더십은 주로 리더의 성격, 성향, 또는 가치관 등을 포괄하는 말로, 그 범위와 정의가 모호하고 폭넓은 의미로 쓰인다.

경영학에서는 "리더십이란 리더의 행동"이라고 정의한다. 이렇게 리더십을 행동 중심으로 해석하고 연구하는 이유는 리더는 자신의 행동을 통해 남에게 영향력을 행사하기 때문이다. 30여 년 전까지만 해도 많은 기업이 직급에 따른 상하관계가 뚜렷하며 리더의 영향력이 크게 미치는 수직적 형태의 경영 방식으로 운영되었다. 그에 따라 리더가 직원 한 사람 한 사람에게 관여하며 동기를 부여하기보다는 조직을 이끄는 대표로서의 역할이 강조되었다. 이런 이유로 1970~1990년대에는 카리스마와 영감적인 동기부여를 강조하는 변혁적 리더십transformational leadership에 대한 연구가 주를 이루었다. 또한 리더십이 직원에게 동기부여를 어떻게 할 수 있는지, 또는 기업의 실적에 어떻게 영향을 주는지에 관한 책이 다수 출간되기도 했다.

하지만 2000년대에 들어서면서 직원이 주체가 되는 수평적 형태의 기업 비중이 높아졌다. 팀 중심으로 꾸려진 스타트업뿐 아니라 기존의 대기업도 20명 미만의 작은 팀을 구성해서 프로젝트 단위로 일을 수행하는 것이 빠르게 변화하는 기업 환경에 보다 민첩하게 대응하는 전략임을 알게 되었다. 팀 중심의 조직 문화가 인기를 얻으면서 조직 전체를 대표하는 몇몇 리더의 행동이나 영향력보다는 프로젝트 팀을 맡고 있는 팀의 리더, 그리고 그 리더들이 어느 만큼 팀을 잘 운영하는지를 말하는 팀 리더십이 팀의 성공 그리고 기업의 성공과 더 연관성이 높아졌다.

리더십보다 동료애

2021년 박사 과정에 있던 베트남 국적 학생인 L과 함께 베트남 중부에 위치한 다낭의 수십 개 정부 기관에서 일하는 프로젝트 팀들을 조사했다. 다낭 지역의 정부 기관들은 개방적이고 진취적이라 새로운 시도를 꺼리지 않는 것으로 알려져 있다. L이 정부 기관 프로젝트 팀들의 혁신성, 즉 그 팀이 만들어 내는 프로젝트가 어느 만큼 혁신성을 띠는지에 대한 연구를 맡은 것도 다낭 지역 정부 기관에서 이를 적극적으로 지원해 주었기 때문이다.

다른 정부 기관과 비슷하게 다낭의 정부 기관도 수직적 구조로 이루어져 있지만 각각의 기관(다낭복지지원부, 다낭중소기업지원부, 다낭관광청 등등)에는 프로젝트 팀들이 중심이 되어 다양한 일을 맡고 있었다. 예를 들어 관광청에서는 코로나 때문에 어려움을 겪는 관광업 종사자들을 위해 정부 지원 방안을 만들어 운영하는 프로젝트 팀이 있었다.

우리는 다낭 정부 기관에서 일하는 87개 프로젝트 팀을 6개월간 조사했다. 먼저 프로젝트 팀 리더의 리더십을 알아보기 위해 팀원들을 대상으로 자신이 속한 팀의 리더에 대해 설문 조사를 했다. 그다음으로는 팀원들이 느끼는 다양한 감정과 팀 회의 시간에 어떻게 회의가 진행되는지에 대해서도 알아보았다. 마지막으로 각 팀이 완성한 프로젝트가 혁신성에서 어떤 평가를 받았는지 정부 기관 대표의 평가를 조사했다.

예상과 달리 팀 리더의 리더십은 프로젝트 팀의 혁신성에 직접적으로 영향을 미치지 못했다. 다시 말해 팀 리더가 어느 만큼 팀원을 헌신적으로 지원해 주는지, 팀 리더가 프로젝트와 다낭 시민을 위해 어느 만큼 노력을 기울이는지는 프로젝트의 성공과 유의미한 관계가 없었다. 반면 프로젝트 팀의 혁신성에 가장 큰 영향을 미친 요인은 회의 중에 어느 만큼 팀원과 리더가 다른 의견을 자유롭게 말하고, 토론하고, 이해하려고 했는지였다.

심리학자들은 이것을 "이견의 융합성"이라고 하는데, 이는 한 집단 안에서 서로가 자신과 다른 의견을 어느 만큼 이해하고 그것을 어떻게 하나의 의견으로 융합하는지에 따라 그 집단의 창의성이 달라진다는 학설과 연관되는 결과였다. 팀원 각자가 가지고 있는 아이디어를 당근, 양파 같은 재료라고 한다면, 이 다양한 재료로 음식을 잘 만들어 내는 팀이 혁신성도 높은 것으로 나타났다. 그리고 이런 팀의 팀원들은 서로에 대한 동료애로 정의할 수 있는 컴패션compassion(서로에 대한 공감과 앞장서서 서로를 챙기는 행동력)이라는 감정을 다른 팀에 비해 더 많이 느꼈다. 동료애는 공감과 자애로움이 섞인 감정으로, 동료의 어려움을 자신의 어려움처럼 느끼며 더 나아가 동료의 상황이 더 나아지도록 도와주는 것이다.

물론 좋은 리더십도 동료애를 키우는 데 긍정적 영향을 미칠 것이다. 나쁜 리더는 팀원들을 이간질하고 경쟁심을 부추긴다. 하지만 이 연구에서는 개인의 리더십보다는 팀원들이 공유하는 동료애가 팀을 혁신적으로 만드는 데 더 많이 기여하는 것으로 나타났다.

L과 나는 팀원 간에 동료애가 높아지면 토론 방식에 어떤 영향을 미치는지 더 자세히 알아보았다. 먼저 동료애를 느끼지 못하는 비동료애 조건 팀들의 각 팀원에게는 5분 동안 자신의 일과에 대해 이야기하는 시간을 갖게 한 뒤, 5분을 주고 방금 팀원들과 나눈 이야기를 기억해 적도록 했다. 동료애를 느끼는 동료애 조건 팀들의 각 팀원에게는 5분간 최근의 고충을 이야기한 뒤 5분 동안 서로의 고충을 덜어 주기 위한 계획을 적도록 했다. 그리고 모든 팀이 30분 동안 신입 사원 환영회 계획을 토론한 뒤 그것을 소개하는 10분 발표 영상을 만들도록 했다. 30분 동안의 토론은 녹화해서 팀원들의 행동을 기록했고, 10분 팀 발표 영상은 팀의 혁신성과 창의성을 평가하는 데 사용했다.

팀 안에서 의견을 이야기할 때, 자기 아이디어가 아닌 남의 아이디어는 한 번에 제대로 이해하기 어려울 때가 많다. 그래서 보통 다른 팀원이 아이디어를 낼 때 짤막한 감탄사를 내뱉거나 고개를 가볍게 끄덕이면서 겉으로는 이해하는 척하며 넘어가곤 한다. 하지만 동료애 조건 팀들은 비동료애 조건 팀들에 비해 팀원이 자기 아이디어를 이야기했을 때 제대로 이해하려 애쓰는 모습을 보여 주었다. 그 모습은 동료들의 다양한 아이디어를 융합하여 팀이 혁신적인 아이디어를 개발하는 데 도움을 주었다.

팀 운영 능력이 뛰어난 리더로는 대표적으로 애플의 창립자이자 CEO였던 스티브 잡스Steve Jobs가 있다. 그는 개인적으로는 나르시시스트에 완벽주의자에다가 상대하기 힘든 사람이라는 평판이 자자했다. 하지만 그가 팀을 운영하는 방식은 모두의 귀감을 샀다. 그는 프로젝트 회의가 있을 때 칠판을 즐겨 썼다고 한다. 팀원들의 아이디어를 하나라도 놓치지 않기 위해 칠판에 적어 가며 모두의 의견을 듣고자 한 것이다. 팀원들은 그가 회의에서 누구나 자유롭게 아이디어를 내고 공유하며 토론하면서 모두가 이를 즐기는 분위기를 만들어 냈다고 했다.

경영학자들은 좋은 리더십의 핵심은 리더가 어떤 사람인지보다는 그가 팀워크에 어느 만큼 긍정적인 영향을 주는지라고 말한다. 리더의 인간적 됨됨이와 리더십은 별개라는 것이다. 현명한 리더란 인간적으로 착하다거나 현명하다기보다 자신이 이끌고 있는 집단을 잘 운영하는 사람이라고 하겠다.

팀 지능은 팀원의 지능이 아니다

2004년 아테네올림픽에서 미국 프로 농구NBA 선수들로 이루어진 세계 최강의 농구팀이었던 미국 국가 대표팀이 푸에르토리코 대표팀과 맞붙어 73대 92로 졌다. 이 시합은 아직도 미국인의 입에 오르내리고 있으며 이 내용을 다룬 특집 다큐멘터리가 나올 정도다. 막강한 기량의 선수들로 구성된 강팀이 약체 팀에 무너지는 것을 스포츠 경기에서 종종 볼 수 있는데, 이는 팀을 이뤄 경기를 할 때는 개별 팀원의 능력과 상관없이 승부를 예측할 수 없는 무언가가 작용하기 때문이다.

조직의 팀도 마찬가지다. 능력이 뛰어난 리더가 있다고 해서, 최고 학력의 성원들로 구성된 팀이라고 해서, 쉬지 않고 일만 하는 사람들로 구성된 팀이라고 해서 성과가 보장되는 것은 아니다. 팀이 성공하려면 '팀워크'라는 마법 같은 힘이 있어야 한다.

미국의 조직 심리학자 아니타 울리Anita Woolley는 똑똑한 개인으로 이루어진 집단이 무조건 똑똑하지는 않다는 점을 연구를 통해 밝혀냈다.[23] 그는 공동 연구자들과 함께 여러 팀을 구성한 다음 모든 팀에 다양한 과제를 부여했다. 의사결정하기, 도덕적으로 추론하기, 창의적인 아이디어 내기, 여행 계획 짜기, 비디오게임하기, 수리 문제 풀기 등으로 과제를 나누어 그중에 열 가지 일을 하게 한 것이다. 놀랍게도 한 가지 일을 잘하는 팀은 다른 아홉 가지 일도 잘할 확률이 높았다. 어떤 일을 맡겨도 잘하는 팀은 못 하는 팀에 비해 서로 더 잘 협력한다는 것을 알게 되었고, 울리는 이를 팀 지능이라고 정의했다. 이는 다른 말로 팀워크라고 불린다.

팀 지능은 팀이 어떤 일을 하든 성공할 수 있도록 협력의 분위기를 북돋아 주었는데, 이 지능은 팀원들 각각의 지능과 유의미하게 보이는 관계가 없었다. 팀원 개개인의 지능 또는 팀의 평균 지능이 높다고 해서, 팀에 남보다 똑똑한 팀원이 있다고 해서 그 팀이 일을 더 잘하리라고 보장할 수 없다는 것이다. 그리고 팀 지능은 팀원들이 서로의 의견을 어느 만큼 공정하게 듣는지와 관련이 있었다. 토론에서 한두 명의 팀원이 주도해 그들이 발언권을 많이 갖는 팀과 돌아가면서 서로의 의견을 들어보는 팀을 비교했을 때 의견을 더 공평하게 발언하는 팀의 지능이 그렇지 않은 팀보다 높았다.

또한 울리는 같은 연구에서 팀 지능은 팀원들이 서로의 감정 상태를 어느 만큼 민감하게 읽고 반응하는지에 따라 달라진다고 했다. 기쁨, 서운함, 나른함, 불안함 등과 같은 다양한 감정을 서로에게서 재빨리 읽어 내는 팀이 있는 반면, 그런 감정 상태를 알아채지 못하거나 그 감정들을 알아채긴 했지만 무시하는 팀이 있다. 이 경우 전자가 훨씬 더 건강한 팀 지능을 보여 준다는 것이다. 즉, 상대의 감정을 읽고 이에 민감하게 반응하는 팀원이 많을수록 그 팀의 지능이 올라갔다. 무슨 일을 하더라도 서로의 감정에 반응하는, 사회성이 높은 팀은 성공할 확률이 높았다.

흔히 직장에서 팀을 운영할 때, 팀원의 감정보다는 업무 수행 능력에 초점을 맞추려 한다. 하지만 울리의 연구에서 밝혀졌듯이 팀워크를 이뤄 일한다는 것은 서로의 감정을 이해하고 살피며 함께 일하는 것이다. 팀원의 감정을 무시하는 팀의 팀원은 최선을 다할 힘을 얻지 못한다.

구글은 무엇이 팀 프로젝트 성과를 높이는지 알아보기 위해 150개의 프로젝트 팀을 상대로 측정할 수 있는 모든 것을 재 보았다. 업무의 특징, 팀원들의 능력치와 경험치, 팀 리더의 성향과 특징, 미팅 횟수, 팀을 이뤄 같이 일한 기간 등 수십 가지 요소를 기록해 팀 프로젝트 성과와 어떤 관계가 있는지 연구한 것이다. 결과는 울리의 연구 결과와 비슷했다. 팀원들 개개인의 그 어떤 특성도 팀의 성과와는 뚜렷한 관계가 없었다. 오직 팀원들이 어느 만큼 서로의 감정에 민감하게 반응하는지, 열린 마음으로 이야기할 수 있는 편안한 분위기인지가 팀 프로젝트의 성과와 연관이 있었다.

이런 연구가 알려지면서 "공과 사는 철저히 구분하자"고 말하던 미국 기업 문화가 달라지고 있다. 일을 위해 모인 사람들이지만 팀원들이 느끼는 감정을 도외시한 채 일만 하다가는 팀워크를 망칠 수 있다고 생각하기 때문이다.

감사함이 행복함을 앞서는 이유

전 세계적 인기를 얻은 드라마 〈오징어게임1〉보다 더 새롭고 재미있는 〈오징어게임2〉를 만들기 위해 노력하는 제작팀, 정체기에 있는 휴대전화 시장에 새로운 디자인과 기능을 탑재한 제품을 내놓기 위해 노력하는 제품 연구팀, 똑같은 방식의 광고가 아니라 모두가 기억할 만한 새로운 광고를 기획하는 광고개발 팀 등등. 이런 집단의 창의적인 아이디어는 어디서, 어떻게 나오는 걸까?

팀을 연구하는 연구자들은 창의력이 뛰어난 사람들을 한데 모은다고 해서 팀이 창의력이 뛰어난 아이디어를 개발하는 것은 아니라고 말한다. 팀의 아이디어는 개인의 아이디어를 줄지어 붙인 기차 같은 것이 아니다. 그보다는 각 개인의 아이디어를 기본 재료로 삼아 토론이라는 과정을 통해 융합된 화학물질과 같다.

예를 들어 새로운 제품을 개발하기 위해 만들어진 팀에 네 명의 팀원이 있다고 하자. 먼저 팀원들이 저마다 자신들의 아이디어를 두세 개씩 내면서 본격적인 토론을 시작한다. 김가가 씨는 아이디어-가1과 아이디어-가2와 아이디어-가3을, 박바바 씨는 아이디어-바1과 아이디어-바2와 아이디어-바3를, 최츄츄 씨는 아이디어-츄1과 아이디어-츄2와 아이디어-츄3를, 한호호 씨는 아이디어-호1과 아이디어-호2를 냈다.

토론이 끝난 뒤 팀이 도출한 최종 아이디어는 제안된 모든 아이디어를 1부터 11까지 나열한 것이 아니다. 토론이 진행되는 동안 김가가 씨의 아이디어-가1은 박바바 씨의 도움으로 좀 더 나은 아이디어-가1-플러스로 발전할 수 있고, 한호호 씨의 소극적인 성격 때문에 아이디어-호1과 아이디어-호2는 제대로 검토되지 못할 수 있다. 그리고 최츄츄 씨의 아이디어-츄1과 박바바 씨의 아이디어-바2가 아주 좋은 합을 이뤄 새롭게 통합된 아이디어-츄1-바2-플러스로 발전할 수도 있다. 토론이 계속되면서 저마다 다른 팀원의 아이디어들은 합체 또는 변형 등을 통해 발전되고 버려지기를 반복한다.

요리를 할 때 원재료의 형태는 없어지지만 원재료를 조합해 완전히 다른 형태의 음식을 만들어 내는 것처럼 팀원들 개인의 아이디어에서 시작했지만 토론을 통해 창의적인 아이디어를 만들어 내는 것이다. 반대로 집단 토론을 제대로 활용하지 못하는 팀은 저마다 좋은 아이디어를 내도 그 아이디어를 더 이상 발전시키지 못한 채 그저 그런 영화나 제품, 광고를 만들어 내는 것에 그친다.

운동화를 생산하는 기업인 리복에서 혁신적인 농구화를 만들어 큰 인기를 끈 적이 있었는데, 그 제품에는 발목 부분에 공기압력을 자유자재로 조절하는 에어펌프가 달려 있었다. 그 제품은 한 사람의 아이디어가 아니라 제품 개발팀에서 팀원들의 아이디어, 즉 맞춤형 구두, 발목 보호대, 혈압을 잴 때 사용하는 공기펌프 등등을 융합한 결과물이었다. 이처럼 토론의 질은 팀이 창의적인 아이디어를 만드는 데 많은 영향을 끼친다.

나는 감사함을 느끼는 마음이 어떻게 팀 토론의 질과 창의성에 영향을 미치는지 알아보기 위해 다음과 같은 실험을 설계한 바 있다.[24] 먼저 실험 참가자 서너 명이 한 팀이 되고, 각 팀의 팀원은 탁자에 둘러앉아 숫자 퍼즐 게임인 스도쿠가 인쇄된 종이를 하나씩 받고는 오른쪽 위에 자신의 이름을 적었다. 그리고 5분 동안 스도쿠를 풀 때마다 그 개수대로 돈을 지급받을 것이라는 설명을 들었다. 처음 1분 동안에는 각자가 스도쿠를 풀고 그다음부터는 1분마다 자기 종이를 옆 사람에게 넘겨 팀원들이 한 번씩 돌아가면서 서로의 스도쿠를 도와주게 했다. 스도쿠 시간이 끝난 다음에는 팀들을 '감사 조건'과 '통제 조건'으로 나눴다.

감사 조건에서는 각자가 팀원들에게 감사한 점을 쓰게 했다. 통제 조건에서는 자신이 오늘 일어나서 지금까지 한 일들을 자세하게 쓰게 했다. 그다음 모든 팀이 창의적인 아이디어를 기획하게 했다. 감사 조건의 팀들은 통제 조건의 팀들에 비해 팀원들이 내놓은 아이디어를 심도 있게 고려하고, 그 아이디어를 더욱더 발전시키려 노력했다. 그에 반해 통제 조건의 팀원들은 자기 아이디어가 아닌 다른 팀원의 아이디어에는 무관심한 반응을 보였다. 처음에는 같은 아이디어로 출발했지만 감사 조건의 팀원들은 아이디어를 창출하는 데서 서로서로 훨씬 더 많은 도움을 받아 발전을 거듭하면서 창의성이 풍부해졌다. 반면, 통제 조건의 팀원들은 아이디어를 개발하거나 확장시키지 않아 창의성이 부족했다.

두 번째 실험에서는 통제 조건 대신 행복 조건의 팀을 만들었다. 이 실험에 참여한 팀원들에게는 각자 행복했던 순간에 대한 에세이를 5분 동안 쓰게 한 뒤 첫 번째 실험과 똑같이 창의적인 아이디어를 기획하게 했다. 이들 팀원은 다른 팀원이 어떤 아이디어를 내놓든 "옳지!", "좋다!" 하면서 맞장구만 쳤다. 이 팀은 팀원들의 아이디어를 처음 것 그대로 받아들이기만 해서 큰 발전이 없고 하나마나한 토론을 했다. 행복 조건의 팀 또한 감사 조건의 팀보다 창의성이 부족한 아이디어를 내놓았다. 행복함과 구분되는 감사함의 특징은 '보답하려는 마음'이다. 팀원에게 감사함을 느낀다면 가만히 그 사람의 아이디어를 경청하는 데서 한발 더 나아가 그 아이디어가 더 좋은 방향으로 발전할 수 있도록 적극적으로 도와주는 모습을 보였다.

많은 사람이 감사하는 마음의 중요성을 수긍할 것이다. 하지만 보통 "나는 감사할 상황이 아니다" 또는 "감사도 감사할 일이 있어야 할 수 있다"고 하며 자신이 겪는 일이나 상황을 탓하며 감사해하지 않는 사람들도 있다. 이렇게 상황을 탓하는 사람들에게 위의 실험 결과는 반론을 펼친다.

위 실험에 참여한 모든 팀은 똑같은 일을 경험했다. 방금 만나 서로 잘 모르는 팀원들과 무작위로 짜여 스도쿠를 함께 푸는 일 말이다. 똑같은 일을 해 보고 난 뒤 감사 조건의 팀들은 팀원들에게 감사함을 느끼게 했고 통제 조건의 팀들은 그렇게 하지 않은 것만 달랐다. 이 실험은 같은 경험을 한 팀들도 서로에게 감사함을 느끼는 정도를 높인다면 그 팀의 창의성은 올라간다는 점을 보여 준다.

7장

게으른 뇌 뛰어넘기

강원도 사람, 이화여대 학생, 삼성, 애플, 일본, 교포 등 어떤 집단을 떠올리면 부정적·긍정적 이미지가 겹쳐진다. 인간은 특정 집단에 특징을 입혀서 그것을 하나의 객체로 받아들이곤 하는데, 이를 '집단 고정관념group stereotype'이라고 한다. 집단에 대한 고정관념은 집단을 빨리 이해하고 집단에 대처하는 데 도움이 되는 기제다. 하지만 집단에 속한 한 사람의 행동으로 집단 전체의 특징을 가늠하거나 한 사람이 속한 집단의 특징을 곧 그 사람의 특징으로 인식하는 편견, 즉 공평하지 못하고 한쪽으로 치우친 견해가 생기는 요인이 되기도 한다.

고정관념은 사실과 관련 없더라도 상식으로 통하기도 하며, 세상에 일어나는 일들을 이해하고 소통하는 데도 쓰인다. 특정 집단에 편견이 있다고 해서 나쁜 사람인 것은 아니다. 집단에 대한 고정 관념은 누구나 가질 수 있는 일반적인 편견이기 때문이다.

나는 상경학부에 있는 경영학과의 교수다. 상경학부에는 회계학과, 경제학과, 재무학과, 경영학과 등 서로 다른 분야를 공부한 교수들이 있는데, 각 교수는 다른 분야 교수에 대한 고정관념을 갖고 있다. 회계학과 교수가 연구비 정산을 꼼꼼히 따진다거나('회계학자는 계산적이야'), 경제학과 교수가 자선행사에 참석하지 않는다면('경제학자들은 이기적이군') 그 사람의 특성과 상관없이 해당 집단에 대한 선입견과 맞아 떨어지기 때문에 고정관념으로 굳어진다.

지금의 학교로 온 지 얼마 되지 않았을 때 경제학과 교수에게 이메일을 보낸 적이 있었는데, 두 달이 넘도록 답장이 없었다. 그 이야기를 재무학과 교수에게 하니 이렇게 말했다. "경제학과 교수들 원래 그래요. 이메일 답장 안 합니다. 모르셨군요. 완전 비사회적인 사람들이에요." 그 후로 경제학과 교수에게 이메일을 보낼 때마다 답장이 안 올 것이라고 생각하게 되었다. 경제학과 교수에 대한 선입견이 생긴 것이다.

집단에 대한 선입견은 맞을까, 아니면 틀릴까? 옳은가, 아니면 그른가? 집단에 대한 선입견은 없앨 수 있을까?

이에 대해 생각하게 된 계기가 있었는데, 그때 나 자신도 몰랐던 내가 가진 선입견과 확실히 마주할 수 있었다. 10여 년 전에 여름방학을 맞아 친정에 놀러 갔을 때, 두 살 난 아들이 자전거를 가지고 장난을 치다 검지를 다쳤다. 손가락에서 피가 났고, 아프다고 소리 지르는 아이를 남편이 들쳐 메고 가까운 동네 소아과로 향

했다. 엑스레이를 찍고 상처를 보던 의사가 상처가 좀 깊으니 째고 수술해야 한다고 말했다. 가슴이 덜컥 내려앉았다. 수술이 잘못되면 손가락을 다시 못 쓰는 것 아닌가.

"다른 방법은 없을까요?"라고 물어보고 대답을 기다리던 그때, 벽에 걸린 의대 졸업장이 눈에 들어왔다. 의사의 답변도 듣는둥 마는둥 나는 좀 더 생각해 보고 오겠다고 말한 뒤 아이를 데리고 진료실을 나왔다. 마음이 급했던 남편은 내가 갑자기 인사를 하고 나오자 따라 나와 어찌된 일이냐고 물었다. 나는 이렇게 귓속말했다. "여기 의사 선생님이 명문대 출신이 아니야. 다른 데 가 볼래."

수술해야 한다는 의사 말을 따르기 싫은 마음과 의사가 명문대 출신이 아니어서 진단이 틀릴지도 모른다는 생각이 합쳐졌다. 믿고 싶지 않은 진단을 내린 의사의 말에서 꼬투리를 잡듯이 안 믿을 증거를 찾은 것이다. 평소에 차별을 극도로 싫어했던 나였기에 남편은 깜짝 놀랐다. "당신, 학벌로 사람 차별하는 거 싫어하는 사람 아니었어?" 그때 나는 나 자신에게 실망했다. 이런 식의 집단 선입견을 갖는 것이 옳지 않음을 알기 때문이다.

하지만 당시 상황으로 다시 돌아간다고 해도 내가 그런 선입견을 갖지 않으리라고 장담하기 어렵다. 고정관념과 집단에 대한 선입견은 오랫동안 알게 모르게 습득하게 된 인지적 습관과 같다. 인간은 자신의 선입견을 따르고 다른 의견은 쉽게 무시하도록 진화했기 때문이다. 어느 것에도 편견을 갖지 않는 것은 불가능에 가깝다. 하지만 자신이 편견을 갖고 있음을 인지한다면 편견을 되도록 배제하며 사고하는 데 도움이 된다. 자신이 알코올의존증에 걸렸음을 인지한 알코올의존자와 그렇지 않은 알코올의존자가 다르듯이 말이다.

편견도 차별당한다

노벨경제학상을 수상한 미국의 심리학자이자 경제학자인 허버트 사이먼Herbert Simon은 많은 연구를 통해 인간은 "별일 없으면 그냥 하던 대로" "최소한으로 머리를 써서 결정하고 행동한다"는 사실을 밝혀냈다. 집단의 특성을 개인의 특성으로 판단하는 인간의 속성도 최소한의 노력으로 결정을 내리려는 데서 나온다.

우리는 집단에 대한 선입견이 100퍼센트 정확하지 않다는 사실을 이미 알고 있다. 그렇지만 어떤 판단을 내릴 때에 선입견이 틀릴 수 있다는 사실을 무의식적으로 무시한다. 지인 중 한 사람은 내가 서울 출신이라는 이야기를 듣고는 서울깍쟁이일 것이라고 지레 짐작해 내게 1년간 말을 안 걸었다고 했다.

같은 사람이라도 아이큐테스트를 두 번 해 보면 아이큐 수치가 두 번 다 다르게 나온다. 같은 날, 같은 사람이 키를 두 번 재 봐도 그 키가 100퍼센트 일치하지 않는다. 100퍼센트 정확한 게 어디 있느냐며 선입견이 적당히 맞으면 그렇게 생각하는 게 이득이라는 의견도 있다. "새침한 서울 출신이 있겠지, 없겠어? 태어날 때부터 갖게 되는 집단 선입견을 고칠 수 있어?"라는 자포자기적인 입장도 있다.

하지만 집단에 대한 선입견을 가지고 있다고 인지하고 사는 것과 인지하지 못하고 살아가는 것은 분명 차이가 있다. 그렇다면 어떤 때 이런 선입견을 더 조심해야 할까? 그리고 이런 선입견을 갖는 것이 괜찮을 때는 언제일까?

사실 많은 사람이 무의식적으로 어떤 집단에 대해 선입견을 갖거나 안 갖기도 한다. 즉 세상의 갖가지 집단에 대한 선입견에도 차별을 두는 셈이다. 이를 학생들이 인식하도록 나는 강의 중에 학생들에게 이런 질문을 하곤 한다. "한 기업의 회장인 당신이 회사의 프로그래밍 디자인을 맡을 새 직원을 뽑는다고 가정해 봅시다. 당신은 그 직원이 다른 사람들과 잘 지내고 다른 동료에 대한 어떠한 괴롭힘이나 폭력적인 행동을 하지 않았으면 좋겠다고 생각하죠."

학생들이 고개를 끄덕이면 다음 내용을 이어간다. "우리가 흔히 갖고 있는 고정관념에 따라 새 직원을 뽑는다면, 일단 남성 후보는 걸러야 할 거예요. 남성 집단은 여성 집단보다 평균적으로 더 폭력적이니 남성 후보의 지원을 받지 않는 것은 어떨까요?" 이 말을 하자마자 학생들은 "말도 안 돼요!"라며 반발한다. 그러면 나는 이렇게 이야기한다. "이 집단에 대한 차별은 허울이 아닙니다. 미국에서 폭행죄로 감옥에 가는 사람 중에 98퍼센트는 남성이니까요. 그러니 사실에 근거한 차별이죠."

그러면 남학생들은 "남성이라고 다 폭력적인 것은 아닙니다. 그렇지 않은 사람도 많아요"라며 고정관념에 반하는 사례가 많다고 이야기한다. 내가 곧바로 "그런가요? 그런데 이 회장이 일일이 사람들을 살펴보는 걸 귀찮아해서 간단히 남성 후보를 거르기로 한다면 어떨까요?" 하고 되물으면 남학생들은 이렇게 말한다. "멍청한 사람이죠. 자기 손해예요. 남성 중에도 폭력적이지 않고 실력 있는 사람도 많잖아요."

고정관념('남성은 여성보다 더 폭력적이다')을 뒷받침하는 통계가 있고 그것을 토대로 차별하더라도 이는 현명하지 않으며 폭력을 휘두르지 않는 대다수 남성을 차별하는 행동이다. 자신이 직접 차별당하는 당사자가 되기 전에는 알기 힘든 이치다.

"남성은 그만 뽑자. 성폭력을 줄이는 최고의 방법이다"라는 주장은 절대 받아들여지지 않지만 "여성은 시끄럽고 문제를 자주 일으킨다. 채용에 더 조심하자"라는 주장은 종종 인정된다. 이처럼 집단 차별적인 많은 생각과 믿음은 특정 집단에 유리한 것들만 선별

되어 머릿속에 박힌다. 편견과 고정관념도 집단 차별을 당하는 셈이다.

자신이 좋지 않은 어떤 일을 당하는 상황에 놓일 때에야 비로소 집단에 대한 고정관념이 비합리적이었음을 알게 되는 경우가 있다. 싱가포르 사람들에 대한 고정관념이 그렇다. 싱가포르 사람들은 일을 열심히 하기로 유명하다. 맡은 바 임무를 성실히 해내는 것을 큰 미덕으로 여기는 문화가 있기 때문이다. 외국에 가서 싱가포르대학에서 일한다고 하면, 그곳 학생들은 스스로 공부를 열심히 하니 일이 수월하겠다는 이야기들을 한다.

싱가포르 학생들에게 이런 말을 한 적이 있다. "여러분이 조별 과제 때문에 집단 프로젝트를 같이 하게 되었는데, 그중에 '싱가포르인은 어떠어떠하다'는 고정관념이 있는 친구가 '우리는 모두 싱가포르인이잖아. 싱가포르인은 부지런하고 맡은 일을 잘하기로 소문 나 있어. 그러니 따로 프로젝트 회의는 할 필요 없고 서로 확인할 필요도 없어. 그냥 둬도 모두 자기가 맡은 바를 착실히 할 텐데 뭘'이라고 한다면 어떨까요?" 학생들은 웃으며 "그 친구는 바보인데요?"라고 대꾸했다. "왜 바보라고 하죠? 사실이 그렇지 않나요? 싱가포르인은 부지런하고 일도 열심히 하잖아요!"라고 말하니 학생들은 "그건 통념일 뿐이고 개인이 어떤지는 실제로 같이 일을 해봐야 알죠. 개인차가 커요. 아주 게으른 사람도 많아요"라며 자신들의 경험을 근거로 내 의견을 반박하기도 한다.

정보가 많을수록 확신은 줄어든다

좋은 선입견이든 나쁜 선입견이든 집단에 대한 선입견이 모두 다 맞지 않다는 것을 우리는 잘 알고 있다. 우리는 각자의 집단에서 다양한 사람과 교류한다. 선입견이 맞는 경우도 있지만 그렇지 않은 경우도 많이 접했을 것이다.

특정 집단에 대해 더 많은 정보를 알고 있다면 선입견을 버리고 더 정확한 판단을 내릴 수 있지 않을까? 정보를 열 개 가진 사람과 하나만 가지고 있는 사람 중에서 더 자신 있게 판단하고 결정하는 사람은 누굴까? 아이러니하게도 덜 알고 있는 사람이 더 자신 있게 의사결정할 확률이 높다.

예를 들어 벤처 캐피털 회사의 임원A와 B, 그리고 투자 지원을 요청하는 창업가 김상희가 있다고 해 보자. 임원A와 B는 각자가 가진 정보로만 투자 여부를 결정해야 한다. 임원A는 하나의 정보만 갖고 있다. '김상희는 대학교 때 높은 학점으로 장학금을 받았다.' 임원B는 더 많은 정보를 갖고 있다. '김상희는 대학교 때 높은 학점으로 장학금을 받았다. 그녀의 아버지는 그녀가 초등학교를 마칠 무렵부터 회사를 조기 퇴직하고 퇴직금을 자본으로 작은 사업체를 운영했으며 어머니는 가정주부였다. 독서와 영화 보기가 취미다. 친구를 많이 사귀기보다 소수의 친구를 깊게 사귀는 편이다. 고등학교 때 아버지가 사업에 실패하자 방황하면서 나쁜 친구들과 어울려 다니기도 했다. 남편은 직업이 일정치 않아 이 때문에 종종 부부 싸움을 하기도 한다. 얼마 전에는 부부 상담을 받기도 했다.'

놀랍게도 더 적은 정보를 가진 임원A가 확신하며 예측할 확률이 높다. 사람들은 정보가 많을 때보다 정보가 하나 있을 때 더 쉽게 결정하며 자신의 결정을 더 강하게 확신한다.

임원A는 학점이 높은 학생은 성공할 확률이 높다고 생각해 김상희가 학점이 높았다는 정보만 가지고 그녀가 성공한 사업가가 되었을 거라고 했다. 임원B는 학점이 높았다는 정보뿐 아니라 다른 정보도 갖고 있어 쉽게 판단을 내리지 못한다. 정보의 양이 많아질수록 정보를 처리하는 데 더 많은 인지적 노력이 들고('김상희는 성적은 좋지만 사업에 실패한 아버지가 계시다.' 이게 무슨 뜻일까? '김상희는 청소년 시절 나쁜 친구들과 어울린 적이 있다.' 이게 사업가가 되는 데 무슨 의미가 있는 걸까?) 그럴수록 사람들은 자기가 판단한 것에 자신감을 잃는다.

'김상희는 학점도 높고, 어렸을 때부터 성공한 사업가인 아버지

밑에서 아르바이트를 했으며, 남편도 유망한 벤처 기업을 운영하는 사람이다'라는 식으로 일률적인 정보들이 있으면 그 양이 많아지더라도 판단하기 어렵지 않으며 자신 있게 결정을 내린다. 하지만 현실에서 일어나는 모든 것에 대한 정보는 그것이 한 사람에 대한 평가든 과학적 증거든 사회문제든 간에 관련된 정보들이 상충하거나 연관성을 찾기 어려워 불확실하고 헷갈린다.

인간의 뇌는 오래전부터 많은 정보를 처리하는 것을 포기하고 쉽게 결정하는 법을 택했다. 다시 말해 우리 머릿속에는 일하기 싫어하는 아주 게으른 사람이 살고 있다고 생각하면 된다. 이 게으름쟁이는 자기가 스피드 퀴즈를 하고 있다고 착각해서 증거가 하나만 있을 때는 아주 쉽고 빠르게 결정하는 것을 좋아한다. 김상희가 학점이 좋다는 이야기를 듣자마자 "정답! 성공할 확률이 높고, 그러면 성공한 사업가도 되었을 것이다!"라고 소리 높여 외친다.

그러나 그다음 정보들, 즉 아버지의 사업 실패, 평범한 가정주부인 어머니, 내성적인 성격 등의 정보를 들었을 때 이 게으름쟁이는 갑자기 머리가 아프다고 느끼며 짜증을 낸다. 이제는 쉽게 답할 수 없다고 생각하고는 의기소침해져서 "잘 모르겠는데"라고 풀이 죽어 이야기한다.

인간이 세상의 복잡한 정보들을 나름대로 처리하기 위해 진화시킨 것 중 하나가 바로 이러한 확증 편향confirmation bias이라는 심리 작용이다. 이와 관련해서 대니얼 카너먼Daniel Kahneman, 올리비에 시보니Olivier Sibony, 캐스 선스타인Cass R. Sunstein은 공저인 《노이즈》에서 인간 의사결정의 결함 중에 확증 편향을 비중 있게 다루었다.[25]

여기서는 '확증 편향'이라는 말 대신 '허울 정보 줍기'라는 말을 쓰고자 한다. 허울 정보 줍기는 정보를 이용해서 판단하지 않고 판단을 먼저 하고 거기에 맞는 정보를 찾는 것이다. 이렇게 정보를 조작하는 게으른 뇌는 자기 판단에 맞는 정보만 인식하고 기억한다. 그리고 자기 판단에 맞지 않은 정보는 간단히 거른다.

'김상희는 대학교 때 높은 학점으로 장학금을 받았다'는 긍정적인 정보를 처음 접한 임원A는 이후 김상희에 대한 긍정적인 정보('독서를 좋아함')에 높은 점수를 주고 긍정도 부정도 아닌 정보도 되도록 좋은 방향으로 생각하고('적은 친구를 깊게 사귄다 – 인간관계 철학이 있는 사람') 부정적 정보는 그냥 무시한다('아버지의 사업 실패 – 김상희는 아버지가 아니지 않나?'). 그리고 임원A에게 김상희를 더 알아보라고 하면, 처음의 자기 판단과 일치하는 긍정적인 정보들을 더 알아보려 할 것이다.

우리가 첫인상에 영향을 받는 이유도 누군가를 처음 만날 때 그에게서 듣는 정보보다는 첫인상을 통해 게으른 뇌가 정보를 꾸미기 시작하기 때문이다. 처음 만나는 누군가가 약속 시간에 30분 늦게 왔다면 당신은 그에게서 좋지 않은 인상을 받을 것이다. 대화

중 그가 학비를 마련하느라 학업을 잠시 중단했다고 하면 그것을 좋게('경제적으로 굉장히 독립적인 사람이군') 받아들이기보다 부정적으로('돈 벌면서 학업도 계속할 수 있지 않았을까?') 해석할 것이다. 같은 정보라도 첫인상이 긍정적인지 또는 부정적인지에 따라 다르게 받아들여진다.

차별적인 결정을 피하려면

인간은 저마다 여러 집단에 속해 있다. 그중에는 의도적으로 선택한 집단도 있지만 태어나면서부터 소속이 정해지는 집단도 있을 것이다. 예를 들어 나는 심리학자이고, 여성이고, 호주에 살고, 엄마이고, 중년이고, 한국인이다. 이렇게 속한 집단에 대한 정보를 하나라도 더 알면 아무것도 모르는 것보다 어떤 사람을 더 정확히 판단할 수 있다. 남성이라는 정보는 그의 기대수명을 예측하는 데 도움이 된다. 성별, 인종, 나이 등에 따른 집단에 관한 정보는 눈에 확연히 보이기 때문에 게으른 뇌는 이를 아주 쉽게 차별에 이용한다.

차별하는 사람일수록 머릿속에 게으름쟁이가 살고 있을 확률이 높다. 내가 다녔던 심리학 대학원에는 인종차별과 성차별로 유명한 한 교수가 있었다. 그는 백인 또는 남성이 아닌 학생은 절대 뽑지 않았다. 여성은 짐이 될 뿐이라며 자신의 학생으로 뽑지 않는다는 사실을 당당하게 이야기하고 다닐 정도였다.

저마다 다른 능력과 잠재력을 가지고 있는 여학생들을 뭉뚱그려서 '짐'으로 생각하는 이 교수의 게으른 뇌는 학생을 차별하지 않으려고 노력하는 다른 교수에 비해 더 적은 정보 처리 과정을 거친다. 교수의 차별적 뇌는 자신감은 있을지 모르지만 결론적으로 자신에게 불리한 선택을 하는 것이다. 남학생 또는 백인만 뽑으면 백인이 아닌 사람이나 여성 중에 뛰어난 재능을 가지고 있는 학생을 만날 기회를 스스로 차단하는 셈이 되기 때문이다.

이런 게으른 뇌의 실상을 알게 되더라도 "그렇구나. 이제는 정보를 많이 확보하고 충분히 시간을 들여 판단을 내려야겠다"고 반응하기보다 "인간의 자연스러운 본능이 그렇다는데 뭐 어떡하겠어?"라고 반응하기 십상이다. 이는 게으른 뇌에게 입이 달렸다면 할 법한 말이다. 더군다나 편견을 갖지 않도록 노력한다고 해서 게으른 뇌가 갑자기 정신을 차리는 일은 없다. 왜냐하면 게으른 뇌는 우리가 노력하지 않고 인지하지 않아도 자동적으로 일을 하기 때문이다. 이는 우리의 의식과 상관없이 심장이 자율적으로 움직이는 것과 같다.

사람들은 요즘 대두하고 있는 인공지능이 인간을 대신해 더 나은 판단을 할 것이라고 생각한다. 인공지능은 수많은 사람에 대한 방대한 정보를 아주 손쉽게 공식화해서 "어떤 요소가 직장에서의 수행평가 그리고 승진 속도에 영향을 미치는가?"를 물으면 몇 시간, 아니 몇 분 만에 답을 줄 것이다. 하지만 어떤 정보를 어떻게 사용해야 할지 모를 때 인공지능에 의지하는 것은 인간에게 오히려 해를 미칠 수 있다. 인공지능이 예측하는 것에는 심각한 집단 차별적 요소가 있기 때문이다. 인공지능은 우리가 입력한 과거와 현재의 정보를 학습해서 미래를 예측하는데, 그 정보는 이미 우리의 게으른 뇌가 내린 안이하고 차별적인 결정에 기반한 것이기 때문이다.

인공지능에게 "오늘 뽑힌 100명의 신입사원 중에 누가 10년 뒤 회사의 CEO가 될 거 같아?"라고 물어보니 백인, 50대, MBA가 있는 대머리 남성라고 대답한다. 이전까지 최고 경영자는 줄곧 50대 백인이며 대머리에 MBA 과정을 밟은 남성이었기 때문이다. 미국 500대 대기업의 CEO 중에 존이라는 이름을 가진 (남성) CEO만 추려도 전체 여성 CEO의 수보다 많다. 결국 과거의 집단 차별적인 결과물, 즉 남성은 리더가 될 수 있지만 여성은 리더가 될 수 없다는 사회 인식이 인공지능의 사고 패턴에도 고스란히 투영되어 인공지능의 판단과 결정 역시 기존 선입견에 의거해 내려진다.

정보는 어떻게 쓰는지에 따라서 그 결과가 달라질 수 있다. 많은 정보를 한꺼번에 처리하는 인공지능도 마찬가지다. 정보의 양이 많아진 만큼 정보를 처리하는 방식이 중요하다. 그러므로 과학자들이 밝힌 게으른 뇌의 단점을 알고 이를 보완하며 인공지능을 활용한다면 집단 차별적인 의사결정을 줄이고 판단의 정확성을 높이는 데 도움이 될 것이다.

우리는 판단을 내릴 때 실제가 아니라 실제에 기반하고 있다고 생각하는 증거를 이용한다. 우리는 증거를 이용할 뿐 그것이 곧 실체가 아니라는 점을 분명히 인식해야 한다. 실체에 대해 더 확신을 가지려면 다양한 증거를 모아야 한다.

미국에서는 해마다 발렌타인데이가 되면 함께 오래 살아온 부부들의 인터뷰 기사나 영상이 대중매체에 자주 등장한다. 결혼한 지 80주년이 되었다는, 100세 가까이 된 노부부가 서로의 주름진 손을 다정히 잡고 걸어가는 모습을 보면 마음이 따뜻해지고 이들의 사랑이야말로 '진실된 사랑'이라고 생각하게 된다. 우리는 결혼 기간을 부부의 사랑을 가늠하는 데 쓰고 있다. 과연 결혼 기간이 부부 사이의 사랑의 깊이를 말해 주는 걸까?

그림11의 빗금 쳐진 교집합 부분은 '같이 살아온 세월(결혼 기간)과 사랑 사이에 상관관계가 있다'는 것을 보여 준다. 둘은 어느 정도 연관성이 있다. 숨소리조차 듣기 싫은 사람과 함께 오래 살기는 힘들다. 하지만 결혼 기간이 길다고 해서 사랑의 깊이가 깊다고 단정할 수는 없다. 결혼 기간이라는 증거가 사랑이라는 실체를 대변

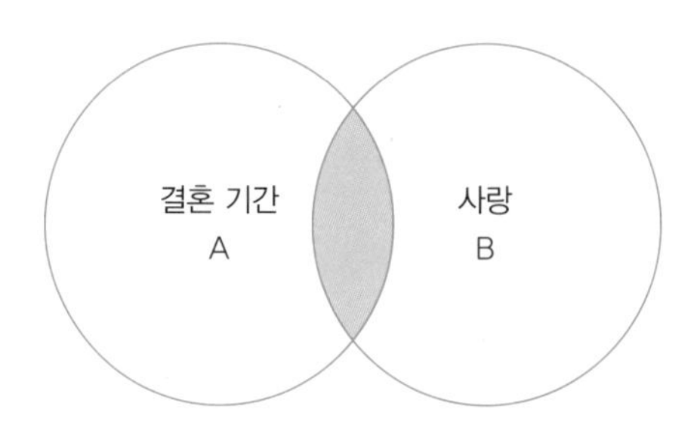

그림11 결혼 기간과 사랑 사이의 상관관계를 보여 주는 도식.

하기에는 정보와 증거가 불완전하기 때문이다. 그림11의 A처럼 결혼 기간은 길지만 사랑이 없는 경우가 있다. 두 사람이 오랫동안 함께 살아왔지만 사랑이 아니라 자식에 대한 의무감, 이혼에 대한 사회적 편견, 경제적 고립에 대한 염려, 배우자의 협박 때문에 살아온 경우다. B는 결혼 기간 외에 사랑의 깊이를 가늠하는 다른 요소들로, 서로를 위하는 마음이나 성생활 만족도 등이 될 수 있겠다. 결혼 기간만으로 알 수 없는 이 정보들은 부부와의 인터뷰로 알아낼 수 있을 것이다. 이렇게 결혼 기간이라는 정보는 사랑의 깊이를 가늠할 수 있는 하나의 요소일 뿐이기에 결혼 기간과 사랑 사이에 아주 밀접한 상관관계가 있다고 확신할 수 없다.

그림12의 빗금 쳐진 부분은 직업과 지능 사이에 상관관계가 있음을 보여 준다. 예를 들어 여객기를 운항하는 파일럿과 같은 직업을 가지려면 직업 수행과 관련된 지능을 요하는 시험을 통과해야

한다. 그렇지만 직업이 지능을 100퍼센트 반영하는 것은 아니다. 어떤 사람이 실력 없이 인맥으로만 직업을 얻었다면 지능은 결여되어 있을 것이다(A의 경우). 그가 대학교 학비가 없어 공부를 포기해야 했던 경우라면 지능만 높고 그에 상응하는 직업은 없을 수 있다(B의 경우). 직업과 지능은 상관관계가 있지만 직업은 지능을 보여 주는 하나의 증거일 뿐이다.

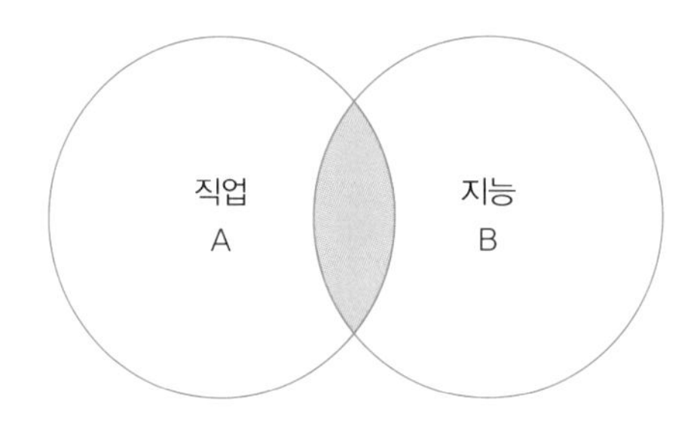

그림12 직업과 지능 사이의 상관관계를 보여 주는 도식.

집단에 대한 정보도 마찬가지다. 성별이 남성인지 여성인지, 어떤 학교를 나왔는지, 어느 나라 출신인지 등은 어떤 사람을 부분적으로 보여 줄 뿐이다. 다시 말해 집단의 특징이 한 사람의 특징을 대체할 수 없으며, 가능한 한 많은 정보를 수집해 도출한 판단이 더 정확한 것도 이 때문이다. 다행히 과학의 발달로 많은 정보를 쉽게 통합할 수 있게 되었고 기존 과학자들이 이미 많은 정보 중에 제일 중요한 것들을 추려 놓기도 했다.

어떤 질문 방식이 인재를 더 잘 가려낼까

기업에서 직원을 뽑을 때 가장 중요하게 보는 것은 직원의 능력(일을 해낼 수 있는 지식, 기술, 경험 등)과 동기(일을 잘 해내고 싶은 욕구나 에너지 등)다. 지난 100여 년간 수많은 산업조직심리학자가 조직에서 인간의 수행 능력과 동기가 무엇이고 이를 어떻게 발현시킬 수 있는지 연구해 왔다. 그 결과 이를 바탕으로 직업과 관련해 저마다 다른 능력과 동기를 어떻게 판단할지 알게 되었다.

직업에서 필요로 하는 능력과 동기와 관련된 정보에 근거하는 결정은 성별, 학교, 또는 출신 지역에 관한 정보를 토대로 내리는 결정보다 훨씬 더 정확도가 높다. 많은 정보를 어떻게 조합해야 더 정확한 의사결정을 할 수 있는지와 관련된 연구도 지난 100여 년간 활발히 진행돼 왔다. 이러한 연구는 우리가 게으른 뇌의 편협함을 뛰어넘어 더 나은 판단을 하게 한다.

몇몇 한국 대기업에서는 지원자에 대한 편견을 최소화하고자 블라인드 채용을 도입했다. 지원자가 속한 집단에 대한 정보(출신 학교 등)를 공개하지 않고 지원자의 자격 범위를 확대했으며, 지원자의 능력과 동기를 과학적으로 검증할 시험을 만들어 응시하게 했다. 몇몇 사람은 "뽑고 보니 또 거의 명문대 출신이군. 채용 방식의 실효성이 의심되는데?"라며 볼멘소리를 한다.

하지만 여기서는 '거의'란 말에 초점을 맞춰야 한다. '모두'가 아닌 것이다. 채용된 직원 가운데 소수는 비명문대 출신이다. 이들은 블라인드 채용이 아니었다면 뽑힐 기회가 없었을 것이다. 거꾸로 생각하면 이런 채용 방식은 기업에도 큰 도움이 된다. 명문대 출신이지만 능력과 동기가 부족한 사람들도 있는데, 그런 사람들을 걸러 낼 수 있기 때문이다.

면접을 통해 사원을 뽑을 때 게으른 뇌의 영향을 줄이고 싶다면, 직업과 직접적으로 관련된 질문을 선별해서 모든 후보자에게 똑같이 물어야 한다. 이런 방법을 구조화 면접structured interview이라고 한다. 미국의 전설적인 산업조직심리학자인 존 헌터John E. Hunter와 프랭크 슈미트Frank L. Schmidt는 지난 85년간 기업이 직원을 뽑는 다양한 방법을 비교·연구하여 어떤 방법이 가장 적합한지에 대한 논문을 발표했다.[26] 그 논문에서 저자들은 대화가 자연스럽게 흘러가는 대로 질문하고 답하는 기존의 자유로운 면접 방식, 즉 비구조화 면접unstructured interview이 모두에게 똑같은 질문을 하는 구조화 면접에 비해 개인의 업무 적합성을 가늠하는 데서 정확도가 현저히 떨어진다고 밝혔다.

안타깝게도 몇몇 기업을 제외하고는 이런 과학적인 사실을 알고 있는 전문가들의 조언을 따르는 기업이 드물다. 면접관들은 지원자마다 다른 질문을 하는 방식을 더 선호한다. 더 자유롭고 편안하게 지원자에 대해 알 수 있다고 생각하기 때문이다. 대개 면접관들은 지원자의 이력서와 얼굴을 보자마자 지원자가 속한 집단에 대한 여러 선입견을 떠올릴 것이고, 비구조화 면접이라면 각 지원자에게 선입견에 근거한 질문을 할 것이다. 미혼 여성 지원자에게는 결혼할 의향이 있는지, 자녀 계획은 어떤지 물어보는 반면, 미혼 남성 지원자에게는 물어보지 않는 식으로 말이다. 이때도 면접관들은 허울 정보 줍기 원리에 따라 이미 답을 정해 놓고 질문을 통해 정보를 찾는다.

"결혼은 했나요?", "아이는 누가 봐요?", "남편은 뭐해요?" 같은 질문을 하면서 면접관들은 지원자에 대해 개인적으로 더 잘 알아간다고 생각한다. 앞서 김상희의 예에서 보았듯이 이런 면접은 그 답이 어찌 되든 면접관이 처음 했던 판단(결혼을 했다면 '집안일 때문에 일을 별로 열심히 안 하겠군' / 결혼을 안 했다면 '결혼하려고 마음이 딴 데가 있어서 일을 열심히 안 하겠군')을 따라 허울 정보를 줍는 데 훨씬 용이하다. 결국 자신이 받은 첫인상을 강화하는 질문을 던지기 십상이다.

면접은 질문을 어떻게 던지는지에 따라 편견을 강화할 수도 약화할 수도 있다. '나는 이 분야에서 30년간 일했고, 어떤 사람인지는 척 보면 안다'고 믿는 사람일수록 비구조화 면접을 선호하고, 스스로가 집단 차별과 허울 정보 찾기가 초래하는 문제의 희생자가 될 확률이 훨씬 높다. 좋은 사원을 제대로 알고 뽑자는 취지의 면접에서, 개인을 더 잘 알아보기 위해 개인마다 다른 질문을 준비한 기업 사람들은 안타깝게도 자신들이 의도한 바와 정반대되는 결과를 얻게 된다.

집단 선입견이 쓸모 있을 때

집단에 대한 선입견이 모두 나쁜 것은 아니다. 다른 사람을 배려할 때 집단 선입견과 고정관념이 유용한 정보가 되기도 한다.

한국을 방문하는 친구의 미국인 지인을 3일 동안 안내해야 할 일이 생겼다고 해 보자. 그에 대한 대략적인 정보는 친구를 통해 얻었다. 30대 남성, 싱글, 백인, 엔지니어. 당신의 머릿속에는 이미 미국 젊은 백인 남성 집단의 특성이 떠오른다. 그 정보를 바탕으로 당신은 동물원보다는 고궁을, 낙지 볶음집보다는 불고깃집을 택할 것이다. 상대를 잘 모르는 상태에서 집단에 대한 이런 고정관념을 이용하면 오히려 배려하는 것일 수 있다.

물론 상대를 더 잘 알게 되면 처음의 고정관념에 의존하지 않고도 더 정확한 정보를 활용해 그 사람을 배려할 수 있다. 이 친구와 3일 동안 같이 다니면서 '매운 음식을 좋아한다'는 것을 알았지만 그 정보를 무시하고 "넌 백인이니 매운 음식을 잘 먹을 리 없어"라며 불고깃집만 데려간다면 융통성 없는 행동이 된다.

어떤 고정관념은 당신을 안전하게 지켜 줄 수도 있다. 캄캄한 밤길을 걸어가는데 앞에 두 갈래 길이 나왔다고 해 보자. 두 길의 끝이 닿아 있어서 어느 쪽으로 가도 집이 나온다. 한쪽 길에는 10대 남자아이들이 모여 어떤 아이는 담배를 물고 있고 또 다른 아이는 침을 뱉으며 낄낄대고 있다. 다른 쪽 길에는 50~60대 아주머니들이 찬송가를 부르고 있다. 이 상황에서 '나는 아이들을 차별하지 않아. 요즘 아이들이 다 나쁜 건 아니야'라며 불량해 보이는 10대 아이들이 있는 길로 가야 할까?

내가 속한 집단에 대해 상대가 갖고 있는 선입견을 안다면 상황에 따라 적절히 대처할 수 있다. 나는 상대가 어떤 선입견을 갖고 있는지 아는데도 이것을 스스로 용인해서 손해를 본 적이 있다.

박사 학위를 받고 일자리를 구할 때 나는 임신 중이었다. 30여 개 학교에 교수 지원서를 제출했는데, 자기 소개서에 임신한 사실을 알릴지를 두고 고민했다. 그때 40대 백인 남성인 내 지도 교수가 이렇게 말했다. "네가 임신했다는 이유로 안 뽑는다면, 너와 맞는 학교가 아닐 거야. 네가 임신한 사실을 알고도 너를 맞아 주는 학교가 너와 제일 잘 맞는 학교지." 그 말을 듣고는 "맞는 말씀이에요!"라고 자기 소개서에 사실대로 출산을 6개월 정도 앞두고 있다고 적었다.

결국 그해 아무 곳에서도 연락을 받지 못하고, 얼마간 백수 생활을 했다. 지도 교수의 이런 몽상적인 조언으로 나의 백수 생활이 연장되었는데, 생각해 보면 그 조언이 나와 맞지 않는 대학을 거르는 역할을 하기는 했다. 하지만 결과적으로 내가 지원한 대학들이 나에 대해 집단 선입견을 갖도록 용인한 꼴이었다.

미국의 한 조직 심리학자가 여성 연기자를 섭외해서 도시의 여러 백화점에 이력서를 들고 가 지원하게 했다. 똑같은 이력서를 가지고 어떤 백화점에는 배를 불룩하게 해서 임신부 복장을 한 뒤에 갔고, 다른 백화점에는 임신부 복장을 하지 않고 갔다. 연기자가 임산부 복장을 하고 지원했을 때는 그렇게 하지 않고 지원했을 때와 비교해서 현저히 적은 곳에서 연락을 받았다.

그렇다면 임신부로서 교수직에 지원했을 때 내가 어떻게 대처하는 것이 옳았을까? 지금 다시 그 상황에 맞닥뜨린다면 임신한 사실은 알리되 어떻게 그것이 내 경력에 좋은 영향을 미치는지, 그리고 내가 그것 때문에 어떻게 더 동기부여가 되었는지를 자기소개서에 자세히 적었을 것 같다. 그렇다면 아마도 임신부에 대한 고정 관념('엄마들은 아이를 돌보느라 일을 소홀히 한다')이 있는 교수라도 자신이 그런 생각을 갖고 있다는 것을 깨닫고 내 이력서를 다시 한번 들여다봤을지도 모른다.

8장

집단 차별을 인지하는 것이 주는 효과

내 가족, 내 학교, 내 직장, 내 나라, 내 지역이 좋은 평가를 받으면 기분이 좋아지고 감동하기까지 한다. 반대로 내가 속한 집단이 나쁜 평가를 받으면 속상하고 화가 나기도 한다. 어떤 사람을 기분 좋게 하고 싶다면 지나가는 말이라도 그가 속한 집단을 칭찬해 보라. 그 사람을 칭찬하는 것만큼, 아니 그보다 더 높은 효과를 낼 수 있을 것이다. 자신을 돋보이게 하고 싶은가? 자신이 속한 집단이 얼마나 대단한지 알리면 된다. 자신이 직접 한 일은 아니지만 집단의 다른 사람이 이룬 성과 덕분에 높이 평가받을 것이다.

이렇듯 집단을 자신과 동일시하기에 자기 집단이 우월하면 자신도 우쭐해지고 기분이 좋아진다. 이 현상은 자존감이 낮은 사람일수록 집단 차별을 심하게 한다는 연구 결과와도 일치한다. 왜냐하면 다른 집단을 열등하다고 평가할수록 자기 집단이 우월해지고 자존감도 높아지기 때문이다.

미국의 사회심리학자 스티븐 페인Steven Fein과 스티븐 J. 스펜서

Steven J. Spencer의 연구[27]에서는 명문대 학생으로 이뤄진 실험 참가자들에게 가짜 지능 테스트를 받게 한 다음 그중 한 그룹에는 나쁜 평가('당신의 지능은 평균보다 약간 낮은 47퍼센트에 속합니다')를 내린 반면, 다른 한 그룹에는 좋은 평가('당신의 지능은 평균을 훨씬 웃도는 93퍼센트에 속합니다')를 내렸다. 그리고 각 그룹에게 일할 사람을 뽑는 업무를 맡겼다. 좋은 평가를 받아 자존감이 높아진 참가자들은 소수민족 출신의 지원자를 차별하지 않고 공정하게 평가했다. 그렇지만 나쁜 평가를 받아 자존감이 낮아진 참가자들은 소수민족 출신의 지원자를 차별하여 혹독한 평가를 내렸지만 자신들과 비슷한 부류의 지원자에게는 후한 평가를 내렸다.

또한 이 실험에서는 나쁜 평가로 자존감이 떨어진 참가자들이 소수민족 출신의 지원자를 차별하는 혹독한 평가를 내린 후에 자존감에 변동이 있는지 알아보았다. 이를 위해 두 번에 걸친 자존감 측정 문항을 통해 참가자들의 자존감을 측정했다. 측정 문항은 총 20문항으로, "나는 매력이 없다", "나는 남이 나를 어떻게 생각하는지 걱정한다", "나는 남보다 못났다고 느낀다" 같은 내용으로 이루어져 있었다. 그 결과 처음에 낮게 측정된 자존감이 소수민족 출신 지원자에게 혹독한 평가를 내린 뒤에는 원래의 수준으로 돌아와 있었다.

이렇게 사회 곳곳에는 자신과 다른 집단에 속해 있다는 이유만으로 잘 알지 못하는 사람을 차별하거나 비하하는 일이 빈번하게 일어난다. 또 같은 집단의 사람이 잘되거나 더 나아가 다른 집단의 사람이 실패하면 자신이 잘되는 것이라고 여기는 이들 때문에 집단 허울의 부정적 영향이 나타난다.

앞서 살펴본 집단 허울은 우리 뇌에 깊숙이 자리 잡은, 인간이 살아남도록 돕는 심리적 도우미와 같았다. 원시시대에 부족 간 전쟁이 일어났는데 "솔직히 우리 부족이 잘되는 게 왜 좋은지 잘 모르겠고, 우리 부족, 다른 부족을 나누며 차별하는 것도 싫다. 우리한테 크게 잘못한 것도 없지 않느냐"며 전투에서 빠지는 부족원이 있다고 생각해 보자. 그 부족원 때문에 집단에서 다른 부족에 대한 적개심이 없어진다면 부족 전체가 위험에 빠질 수 있다. 그에 반해 적개심에 불타 치열하게 자기 집단의 안위를 위해 싸운 부족이 살아남을 확률이 더 높으며 그렇게 생존한 집단 조상이 현재 인류에게 큰 영향을 미쳤다.

자기 집단을 편애하는 심리

차별이 본성임을 알려 주는 연구로 미국의 심리학자 네하 마하잔Neha Mahajan의 원숭이 집단 차별 연구가 있다.[28] 이 실험에서는 한 집단의 원숭이에게 자기 집단의 원숭이들과 다른 집단 원숭이들의 사진을 각각 보여 주었다. 원숭이는 혐오하는 대상을 더 오래 노려보는 특징이 있는데, 원숭이들은 다른 집단 원숭이들을 순식간에 알아보고 그 사진을 더 오래 노려보았다.

또한 원숭이들도 자기 집단과 관련해서는 긍정적인 이미지를, 다른 집단과 관련해서는 부정적인 이미지를 연상하는 것으로 나타났다. 원숭이들은 일관된 것들이 나열될 때에는 금세 흥미를 잃고, 비일관적이며 상충되는 것을 나열했을 때에 더 오래 흥미를 느끼는 특징이 있다. 이런 점을 이용해 후속 실험에서는 자기 집단에 속한 원숭이들의 사진과 자기가 좋아하는 사물의 사진(과일, 음식

그림13 원숭이 차별 연구에 쓰인, 같은 집단과 다른 집단 원숭이의 사진.

등)과 싫어하는 사물의 사진(거미, 벌레 등)을 번갈아 보여 주었다. 그 결과 자기 집단 원숭이들의 사진과 자기가 좋아하는 것들의 사진을 보여 주었을 때는 금세 흥미를 잃고 사진을 쳐다보지 않았다. 다른 집단 원숭이들의 사진과 자신이 싫어하는 것들의 사진을 보여 주었을 때도 금세 흥미를 잃었다.

원숭이들은 자기 집단에 속한 원숭이들의 사진과 자신이 싫어하는 것들의 사진을 번갈아 보여 주거나 다른 집단 원숭이들의 사진과 자신이 좋아하는 것들의 사진을 번갈아 보여 주면 더 오래 사진을 쳐다보았다. 원숭이들은 다른 집단과 자신이 좋아하는 것들 또는 자기 집단과 자신이 싫어하는 것들을 나열하는 것이 이상하고 어색하다고 생각해 더 오래 흥미를 느끼는 것이다

인간이 내집단을 편애하는 심리학적 기제는 본능과 같아서 진화가 우리에게 안겨 준 업보라고 할 수 있다. 원시시대부터 환경에 적응하면서 진화시켜 온 생물학적·영양학적 특성 때문에 인간은 단맛을 선호한다. 단 음식일수록 탄수화물 함량이 높고 몸에서 이용되는 열량이 더 높다. 우리는 이런 탄수화물을 최대한 오래 몸에 저장하기 위해 사용되지 않는 탄수화물은 지방으로 바꿔 몸 여기저기에 저장한다. 인간의 이런 특징은 농경시대 때만 해도 먹을 것이 부족한 계절들을 견디며 인간이 살아남는 데 큰 도움이 되었다.

하지만 현대사회에서 단 음식을 대량으로 생산하고 손쉽게 소비

하면서 우리 몸 곳곳에서 부작용이 나타나기 시작했다. 단맛에 심하게 노출되어 중독에 이를 지경이 된 것이다. 한 세기도 지나지 않아서 만병의 근원이라고 하는 당뇨와 비만 인구의 수가 전례 없이 많아졌다. 2017년 세계보건기구는 비만으로 인해 해마다 400만 명이 사망한다고 보고한 바 있다. 이제는 단맛에 빠지지 않고 음식을 적게 먹는 것이 건강하게 더 오래 사는 법이라는 것을 알고 있다. 하지만 이를 알고 있어도 단것을 피하기란 여간 어려운 일이 아니다. 우리 몸의 생물학적 기제, 음식의 영양학적 특성, 그리고 새로운 환경이 제공하는 단맛 중독의 유혹을 이해하지 않고는 비만으로 향하는 길을 막기 어렵다.

집단의 심리도 마찬가지다. 소규모 집단을 이루어 살던 부족사회에서는 자기 집단을 편애하는 인간의 특성이 생존에 도움이 되었다. 부족사회에서는 문화와 언어가 다른 집단의 사람들이 만나거나 협력할 일이 거의 없었다. 이런 환경에서는 자신과 다른 사람들을 이해하고 그들과 소통하기 위해 노력할 필요도 없었다.

부족사회에서 다른 집단을 만난다는 것은 전쟁, 불안, 죽음, 공포를 의미했다. 어두운 밤에 저 언덕 너머 생각지도 못한 낯선 부족이 있다는 생각만 해도 등골이 오싹했을 것이다. 이렇듯 듣기만 했지 실제로는 보지 못한 다른 집단은 공포와 견제의 대상이었고, 같은 집단 성원끼리 생활을 함께하고 명절, 의례, 축제 등을 통해 하나가 되면서 집단은 더욱 공고해졌다.

도덕심이 차별 심리를 넘어선다

오늘날 우리는 일터와 학교, 사회 곳곳에서 다른 집단의 사람들을 매일 만난다. 다양한 집단의 사람이 어울려 사는 시대가 되었는데도 집단 허울은 여전히 있고 그 부작용은 곳곳에서 나타나고 있다. 남성 집단은 예로부터 독점적으로 정치적·경제적 활동을 해 왔고, 남성과 여성이 서로에게 적대감이 있든 없든 간에 사회를 운영하는 데에는 아무 문제가 없었다. 수천 년 동안 단일민족임을 강조해 온 한국은 다른 집단 사람들(조선족, 탈북자, 외국인 등)을 어떻게 대해야 할지 몰라도 사회·경제 안정을 이루는 데 문제가 없었다.

하지만 시대가 바뀌었다. 여성 집단이 대거 정치판에 뛰어들고 있고 경제적 지위도 높아졌으며 다양한 혈통과 국적의 사람들이 한국 사회의 성원이 되고 있다. 집단 허울과 내집단 선호로 인한 부작용이 나타나기 시작했고, 이것을 제대로 알지 못하는 사회 성원들이 이유를 모른 채 사회적·개인적으로 고통받고 있다. 또한 사회에서 집단 차별로 인한 분쟁이 끊임없이 일어날 것이다. 앞서 소외감에 대한 연구에서 알아보았듯이 인간 그 누구도 자신이 속한 집단에서 소외감을 느끼며 행복을 영위할 수는 없다.

사람을 차별하는 사회와 차별하지 않는 사회, 사회를 이렇게 둘로 나눠 보면 차별 없는 사회에서는 모든 구성원이 자신의 가능성과 능력을 훨씬 더 용이하게 펼칠 것이다. 여성이라는 이유로 대학에 진학하지 못하는 사회에서는 50퍼센트에 이르는 사회 성원이 대학에 진학할 기회가 없는 것과 같다.

우리는 이미 집단 차별이 나쁘고 부끄러운 일이라는 것을 인지하고 있다. 심리학 연구에 따르면, 인간의 내집단 선호 현상은 내집단과 외집단에게 이익을 나눠 줄 때 두드러지게 나타났다고 한다. 그에 반해 벌금이나 귀를 찢는 소음 같은 고통을 내집단과 외집단에게 나눠 주어야 할 때에는 내집단 선호 현상은 더 이상 나타나지 않거나 확연히 덜 나타났다.

독일의 심리학자 아멜리 무멘다이Amélie Mummendey와 공동 연구자들은 앞서 소개된 타이펠의 분배표를 이용해 참가자들에게 돈이 아닌 찢어지는 고음을 듣는 시간을 같은 실험에 참가한 다른 참가자들에게 분배하라고 했다.[29] 예를 들어 분배표에 14라는 값이 적혀 있으면 분배받은 사람은 찢어지는 고음을 14분 동안 들어야 한다. 이렇게 고통을 분배하는 조건에서는 참가자들은 내집단 성원이 소음을 듣는 시간만을 최소로 하는 선택을 하지 않았다. 즉 내집단 선호 현상이 두드러지게 나타나지 않았다. 그보다는 내집단과 외집단에 속한 사람이 공평하게 소음에 노출되는 선택이 유의미하게 많아졌다.

다시 말해 다른 집단에 해를 가하는 데서는 집단 허울이 보이지 않았다. 심리학자들은 인간의 도덕과 윤리 의식 때문에 이런 결과가 나왔을 것이라고 말한다. 우리는 기본적으로 타국민인 외국인보다 자국민인 한국인을 선호하는 집단 허울이 있지만 무조건 한국인을 옹호하지 않는다. 윤리 의식이 있기 때문이다. 한국인 사장이 외국인 노동자들에게 제때 임금을 주지 않는다거나 위험한 작업을 강요해서 상해를 입게 했다는 뉴스를 접하면 우리는 한국인 사장의 처사에 분노한다. 우리가 겪었던 불공정한 일들이 떠오르면서 외국인 노동자들에게 동료애를 느끼며 더 친밀한 공감대를 형성하게 된다.

정면돌파 전략: 미 국방부와 호주국립대학의 조치

집단 차별을 연구하는 미국의 심리학자 존 도비디오John Dovidio에 따르면, 승진 심사에서 남녀 차별과 인종차별을 없애는 좋은 방법은 무의식적으로 일어나는 차별들을 묵인하지 않고 표면으로 끌어 올리는 것이다. 그는 미국 국방부와 협력하며 행한 실험에서 승진 심사를 맡은 군 장성들에게 두 가지 다른 메시지를 주고, 그것을 이용해 심사를 하라고 했다. "남성과 여성 모두 다 같은 사람이고 다 같은 미국 군인이다. 그러므로 차별하지 말자"라는 좋은 게 좋다는 식의 메시지보다 "여성 군인도 남성 군인과 똑같은 능력과 자질이 있기에 입대 기준을 충족하여 뽑힌 것이다. 그런데도 남성 군인에 비해 여성 군인을 승진 심사에 더 많이 떨어뜨린다면 왜 그런 결정을 내렸는지 설명하는 보고서를 제출해야 할 것이다"라며 집단 차별이 일어날 가능성을 알리고 그것을 정면돌파하는 내용의 메시지가 승진 심사에서 차별을 줄이는 데 훨씬 더 효과적이었다.

내가 근무하는 호주국립대학교에서는 여성 교수가 차별받고 있다는 것을 모두 다 알고 그 사실을 인정한다. 여성 교수는 남성 교수와 같은 노력을 하고, 같은 업적을 남겨도 남성 교수보다 승진이 더디고 학문적으로 인정받기 어렵다. 남성 학자와 여성 학자가 공동 연구로 논문을 발표한다면 사람들은 으레 남성 학자가 여성 학자보다 더 많이 기여했다고 생각하고 그의 공로를 더 치하한다. 이 때문에 여성 교수들은 남성 교수들에 비해 승진 지원을 훨씬 더 주저하고 더 많은 논문을 발표한 후에 승진 지원을 하기도 한다.

호주국립대학교는 이런 집단 차별을 인정하고, 승진 심사에서 심사 기준을 세세하게 공표한다. 그리고 여성 교수가 남성 교수보다 승진 심사에서 더 적은 합격률을 보이는 과가 있는지 없는지 과

마다 성별로 승진 심사 합격률을 도표로 만들어 학교 홈페이지에 공개한다. 이는 승진을 결정하는 사람들이 자신의 성차별적인 인식을 마주하고, 책임을 느끼도록 하기 위해 만든 제도다. 그리고 여성 교수의 승진 심사에 도움을 주는 네트워크를 만들어 정보를 나누고 서로 용기를 북돋게 한다. 많은 대학을 알고 있지만 이렇게까지 집단 차별을 수면 위로 끌어 올려 차별의 상황을 공유하고 점검하는 학교는 본 적이 없다.

인종차별은 무지보다는 실존하는 정보들을 기만하는 오만에서 생긴다. 오만한 사람들은 자신의 인종차별적·성차별적 인식이 탁월한 감각과 경험에서 나왔기 때문에 평범한 사람의 철학과는 수준이나 차원이 다르다고 할 것이다. 그 자만심은 고치기 힘든 병과 같다.

유명한 브로드웨이 뮤지컬 〈애비뉴 Q^Avenue Q^〉의 주제가는 "모든 사람은 조금씩 인종차별주의자^Everyone is a little bit racist^"다. 이 뮤지컬의 메시지는 '우리 모두가 인종차별주의자이니 우리는 망했네'가 아니다. '우리 모두 인종차별주의자이니 그것을 인정하고 좋은 세상을 만들자'는 것이다.

9장

우정이 싹트는 환경

나는 남편과 20대에 약 4년간 미국 미시간주 하월이라는 아주 조용한 마을에 살았다. 집과 멀지 않은 곳에 옥수수밭이 펼쳐져 있었지만 맥도널드와 중형 슈퍼마켓, 싱싱한 과일이 즐비한 월마트, 미시간주에서 제일 맛있는 소프트 콘이 있는 데이어리퀸, 신선한 샐러드와 빵이 무제한으로 나오는 올리브가든 등등 우리가 좋아하는 각종 상점과 식당이 집 가까이에 있었다. 우리는 이런 동네에 딱 하나 있는 아파트를 구한 것을 행운이라고 생각하며 이삿짐 트럭에 고양이 두 마리까지 싣고 이사를 했다.

어느 여름날, 우리는 조그마한 상점들이 모여 있는 아담한 골목을 돌아다니기도 하고 월마트에서 장을 보기도 하면서 이사 온 곳을 탐험하고 있었다. 그런데 어딜 가나 사람들이 우리를 신기한 듯 쳐다보았다. 특히 어린아이들은 우리를 보자마자 놀라운 표정으로 한참을 꼼짝 않고 있어서 '왜 그러지? 동양인은 처음 보나?' 하는 생각이 들기도 했다. 그제서야 비로소 이 마을에는 흑인이 단 한 명도 보이지 않는다는 것을 깨달았다.

미시간주는 다른 주와 마찬가지로 어딜 가든 백인이 아닌 사람도 쉽게 볼 수 있는 곳이다. 그런데 하월에는 이상하리만치 흑인이 없었다. 나중에야 미국의 백인우월주의 비밀결사인 KKK의 리더가 하월 출신이라는 것을 알게 되었다. 그곳에서 겁 없이 돌아다녔는데도 4년 동안 무탈하게 살다 나온 것에 안도의 한숨을 쉬었다.

사람을 나무에 매달아 놓고 가죽을 벗기는 잔혹한 행위를 미국에서는 린칭lynching이라고 한다. 린칭은 증오 범죄로, 백인우월주의 집단이 흑인들을 죽일 때 많이 썼던 방법이었다. KKK는 린칭으로 악명 높은 조직이었다. 그런데 이 무시무시한 조직의 구성원 대

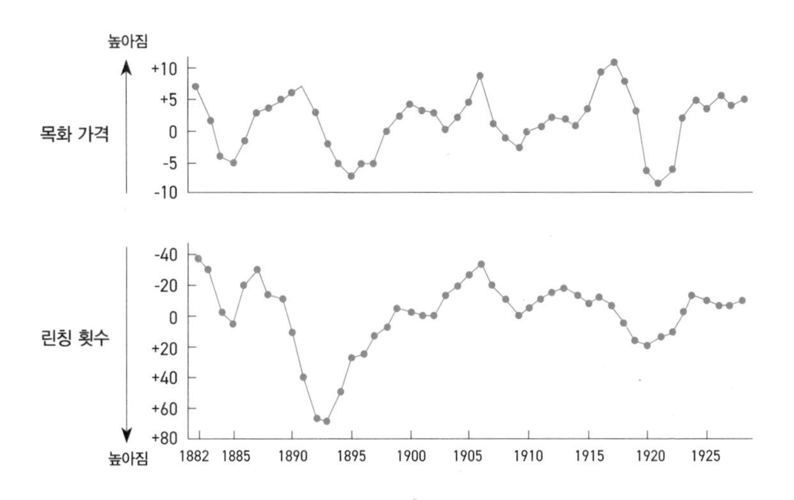

그림14 미국 남부 지방의 재정 상태와 흑인에 대한 린칭 횟수 변화를 나타낸 그래프.

부분이 직업도 변변치 않고 사회에서 인정받지 못하는 보잘것없는 중년의 백인 남성이었다는 것이 밝혀지면서 사람들은 놀라움을 금치 못했다.

그림14는 미국 남부 지방의 재정 상태와 흑인에 대한 린칭 횟수 변화를 보여 주고 있다. 그림의 위 그래프는 1882년부터 40여 년간 미국의 목화 가격 변화 추이다. 그래프의 선이 아래로 향할수록 목화 가격은 떨어졌고, 이는 곧 목화가 주 생산품인 미국 남부의 경제가 어려워졌다는 것을 뜻한다. 아래 그래프는 1882년부터 40여 년간 자행된 린칭 횟수를 보여 준다. 그리고 선이 아래로 향할수록 린칭 횟수가 많아짐을 나타낸다. 두 그래프 선은 비슷한 주기로 오르락내리락했는데, 경제적 여유가 있으면 다른 집단에 대한 증오심이 줄었고, 경제적으로 힘들면 다른 집단에 대한 증오심이 커졌다. 캐나다인을 대상으로 한 연구에서도 경제가 어려울수록 이민자에 대한 반감이 더 높아지는 것으로 드러났다.

한정된 자원을 두고 심화되는 갈등

사회학자와 심리학자 들은 집단 간 증오심과 반감이 생기는 원인을 연구해 왔다. 그중 유력한 학설은 '현실적 갈등 학설'인데, 이는 한정된 자원(땅, 돈, 직장, 권력, 지위 등)을 두고 집단 간에 경쟁하는 과정에서 갈등이 비롯된다고 보는 이론이다. 한정된 땅을 두고 일어나는 이웃한 나라들 간의 대립과 전쟁, 그리고 한정된 돈이나 지위를 두고 일어나는 계층 간 갈등이 집단을 계속 부딪히게 만들어 미움과 증오가 생긴다는 것이다.

1954년에 셰리프는 집단 대립의 조건에 관한 유명한 실험을 했다. 이 연구를 위해 그는 실험 참가자인 11~12세 남자아이 24명을 여름방학 캠프로 초대해 두 집단으로 나누었다. 심리학자들은 두 집단이 한정된 자원(상장, 맥가이버칼 등)을 놓고 여러 게임(줄다리기, 야구, 축구 등)을 하도록 하면서 경쟁을 부추겼다. 그 결과 처음에는 무관심했던 두 집단의 참가자들이 서로에게 침을 뱉고, 욕설을 하고, 아끼는 기물을 파손하고, 주먹다짐을 하는 등 급격하게 상황이 험악해져 마치 전쟁이 벌어지는 것과 비슷한 긴장감이 돌기 시작했다.

이는 당시 연구자들도 예상하지 못한 결과였다. 이렇게 쉽고 빠르게 두 집단이 대립하리라고는 생각지 못했기 때문이다. 결국 이 실험을 계속 진행한다면 참가자들이 위험해진다는 결론을 내리고, 갈등 상황의 두 집단을 다시 평화로운 관계로 되돌리는 방법을 찾는 것으로 연구 방향을 돌렸다.

심리학자들은 집단 간에 자원을 둘러싼 직접적인 갈등이 없더라도 사람들이 집단 갈등에 대한 이야기들을 쉽게 믿는다고 말한다.

우리는 대중매체에서 정치인들이 의도적으로 집단 갈등을 조장하는 말들을 접하곤 한다. "외국인 노동자들이 우리 삶의 터전을 빼앗고 있다"거나 "남성(또는 여성)들이 여성(또는 남성)들의 직장을 빼앗아간다"와 같은 주장들 말이다.

사람들은 이러한 말들이 실제 근거가 있는지 확인하지 않고 무턱대고 동조한다. 앞서 말했듯이 인간은 자기 집단을 편애하기에 다른 집단을 부정적으로 보는, 근거가 부족한 정보들에 쉽게 휩쓸린다. 이러한 정보는 "우리 집단이 다른 집단 때문에 손해를 보고 있다"는, 사람들이 믿고 싶어 하는 내집단 선호 심리에 편승해 쉽게 받아들여지고 퍼진다.

싱가포르는 외국인이 인구의 30퍼센트를 차지한다. 외국인 인력이 공사장 노동자, 식당 요리사, 영어학원 강사, 대학교 총장에 이르기까지 사회 각 계층에 퍼져 있다. 언뜻 외국인에 대한 인식이 나쁘지 않을 것이라 생각되지만 피부로 느껴지는 외국인에 대한 경계와 차별은 분명히 존재한다. 일단 외국인은 싱가포르 정부에서 모든 국민에게 제공하는 저렴한 주택에 살 수 없기 때문에 가격이 비싼 콘도 아파트에서 월세로 살아야 한다. 또한 외국인 자녀는 공립학교 진학에 제한이 있어 1년에 2천~4천만 원을 내고 외국인 학교를 다녀야 한다.

외국인과 이웃으로 지내지도, 같은 학교를 다니지도 않기에 싱가포르인은 외국인을 자기 일자리를 뺏는 사람들로 인식한다. 외국인을 향한 차별은 특히 경제가 좋지 않을 때 심해진다. 2008년에 미국발 경제 위기가 덮쳤을 때, 싱가포르는 외국인에 대한 경계를 강화했다. 내가 싱가포르에 간 때는 2010년이었는데, 같은 학교 내 한국 교수들 모임에 가면 항상 2008년 이전의 "(외국인에 대해 호의적이었던) 좋은 시절" 이야기를 많이 듣곤 했다.

코로나19 사태 이후 싱가포르 역시 인플레이션과 수출 감소 등과 같은 경제적 타격을 받았다. 그 결과 외국인을 차별하는 심리가 경제 차별로 이어졌다. 2022년에는 외국인이 사는 콘도 아파트의 임대료 상승률이 평균 30퍼센트를 기록했는데, 이는 외국인의 삶의 질에 악영향을 미쳤다. 그리고 외국인이 콘도 아파트를 살 때 내던 세금 비율을 기존의 30퍼센트에서 60퍼센트로 올렸다. 예를 들어 10억짜리 아파트를 산다면, 6억이라는 돈을 정부에 세금으로 내야 한다.

집단의 기억은 대물림된다

개인은 생물학적 개체이고 수명은 길어 봐야 100여 년이다. 개인과 개인 간의 갈등은 갈등 당사자들 간의 이해관계만 해결되면 둘 중 한 명의 삶이 끝나는 시점에 끝이 난다. 그에 반해 집단의 이해관계가 얽혀 생긴 집단과 집단 간의 갈등은 세대를 이어 대물림되기 때문에 쉽게 끝나지 않는다. 특히 민족이나 나라와 같은 대집단은 그에 속하는 개인들이 대를 이으면서 존속되는 추상적인 개념 집단이기에 더욱 그러하다.

인간의 집단은 기록을 남길 만한 문자가 없었던 때에도 구전으로 다른 집단이 자기 집단에게 한 일을 상기해 가며 집단 기억의 대를 이어갔다.

대대로 물려지는 유전자처럼 다른 집단에 대한 혐오적인 시각도 집단의 정서로 작용해 대대로 전해진다. 일제 강점기를 수십 년 지낸 한국인들은 일본에 대한 뿌리 깊은 적대감이 있다. 나의 외할아버지는 당시에 일본 순사에게 끌려가 고초를 당하셨다. 하루하루 먹고살기 바쁜 충청도 시골의 농민일 뿐이었는데, 어느 날 심기가 뒤틀린 일본 순사 눈에 띄어 폭행당하고 그 후유증으로 한쪽 귀가 잘 안 들리셨다. 외할아버지와는 소리 지르며 대화해야 할 정도였다. 가족 중에 피해자가 없더라도 한국인들은 생체 실험, 위안부, 독립을 바라는 사람들에게 각종 고문이 가해졌던 그때 당시의 일들을 70여 년이 지난 지금까지 기억하고, 슬퍼하고, 분노한다. 자신들이 직접 당한 일이 아님에도 말이다.

집단 간의 분쟁은 해결하기 어렵다. 타임머신이 발명되어 일일이 원조 가해자를 처단하기 전까지는 아마도 불가능할 수 있다. 이스라엘과 팔레스타인 두 민족 간의 갈등은 2천 년 동안 흩어져서 살던 이스라엘 민족이 제2차 세계대전 이후에 영국과 유엔의 도움으로 지금 팔레스타인이 살고 있는 곳에 이스라엘 국가를 세움으로써 시작되었다. 한정된 자원인 땅을 두고 수십 년 동안 이어진 두 민족 간의 갈등도 이 끝없는 대립의 대물림을 보여 준다.

또한 집단 간 갈등은 다른 집단에까지 번지는 특성이 있다. 집단은 종종 자기와 대립 관계에 있는 집단이 자기보다 훨씬 힘이 세다면 대신 자기보다 더 약한 집단을 괴롭히기도 한다. 직장 상사에게 화가 나지만 상사에게 대놓고 불만을 이야기할 수 없어 만만한 가족이나 반려동물에게 짜증을 내며 분풀이하는 경우가 바로 그렇다. 집단 간에도 이와 비슷한 모습이 보이는데, 이를 미국에서는 '희생양 학설scapegoat theory'이라고 한다.

희생양 학설의 대표적 사례는 1992년 미국 LA 한인을 상대로 일어난 LA폭동이다. 네 명의 백인 경찰이 로드니 킹이라는 흑인을 음주운전 혐의로 취조하는 과정에서 무차별적으로 구타를 가했다. 로드니 킹은 다리가 부러지고 눈에 심한 부상을 입어 평생 장애를 갖고 살게 되었다. 당시 찍힌 사건의 동영상 장면이 너무 잔혹해서 경찰이 정당한 공권력을 행사했다고 볼 수 없었다.

그런데 가해자인 백인 경찰들은 백인이 대부분이었던 배심원단에 의해 무죄평결을 받았다. 이에 흑인들이 시위에 나섰는데, 시위대는 얼마 지나지 않아 한인 상점이 모여 있는 코리아타운을 집중적으로 약탈하기 시작했다. 심리학자들은 흑인들이 자신의 대립집단인 백인이 사는 곳을 공격하지 않고, 사회적으로 힘이 약하며 상대적으로 더 만만한 한인 커뮤니티를 골라서 공격한 이 사건이 희생양 학설을 잘 보여 준다고 이야기한다.

갈등의 불씨는 사회의 가장 약한 부분을 향하며 그곳에서 폭발한다. 흑인과 백인의 갈등이 한인 사회로 번졌듯이 사람들은 자기가 불행한 이유를 사회의 약자에게서 찾는다. 미국 남부의 경제 상황이 흑인에 대한 차별과 관련 있다는 앞의 연구 결과에서 보듯 말이다.

투명인간 실험: 명문대생과 재소자

인터넷이 보급되자 심리학자들은 사이버공간에서만큼은 자신이 속한 집단이라는 테두리에서 좀 더 벗어나 다른 집단의 사람들과 저마다 편견 없이 소통하리라 기대하고 있었다. 인터넷이 집단 차별을 줄일 것이라고 말이다. 익명인 사이버공간에서는 인종이나 성별, 나이 등과 같이 집단과 그와 관련된 고정관념을 상기시키는 시각적 신호가 없기 때문이다. 하지만 기대와 달리 사이버공간은 집단 차별과 집단 혐오를 가속화하는 곳이 되고 말았다. 인간이 새롭게 개척한 영역인 사이버공간도 자신의 집단을 편애하고 다른 집단에 대한 고정관념을 맹신하는 본능을 발현하는 데 쓰이고 있는 것이다.

인간은 온라인 커뮤니티같이 서로가 어떤 사람인지 잘 모르는 환경에서 집단 허울에 더 영향을 받는다. 한 연구에서 실험 참가자들을 온라인 비대면 토론 집단과 대면 토론 집단으로 나눠서 실험을 진행한 적이 있었다. 두 집단의 참가자들은 똑같은 주제를 놓고 토론했는데, 이후 인터넷 채팅으로 토론한 참가자들은 실제로 만나서 토론한 참가자들보다 상대와 자기 집단을 이용한 정보, 즉 고정관념이나 편견 등에 더 많이 의존한 것으로 나타났다. 이는 온라인에서는 사람들이 각 개인의 다양성을 망각하기 쉽기 때문이다.

자신과 성별이나 인종, 종교나 나이가 다른 사람을 직접 만나 이야기 나누다 보면 생각보다 비슷한 점이 꽤 있다는 것을 깨닫게 된다. 이것은 상대에 대한 고정관념이나 편견을 없애는 효과가 있다. 예를 들어 탈북민과 인터넷 채팅으로 한국의 경제 현황에 대해 이야기하는 경우보다 탈북민을 직접 만나 똑같은 주제를 가지고 이야기하는 경우에 사람들이 가진 탈북민에 대한 편견이 더 낮게 나타난다.

집단의 반사회적 행동에 대해 강의하는 날이면 나는 학생들을 상대로 다음과 같은 흥미로운 설문 조사를 한다. "당신이 앞으로 24시간 동안 투명인간이 되는 슈퍼파워를 가지게 된다면, 무슨 짓을 하든 그에 대한 책임을 지지 않아도 된다면 어떤 일을 할 건가요? 이름은 적지 마세요. 익명으로 진행합니다."

다수의 학생이 자신이 투명인간이 된다면 돈이나 물건을 훔치거나 돌아오는 중간고사 문제지를 몰래 보겠다고 하거나 자신이 싫어하는 정치인을 혼내 주겠다고 했고, 몇몇 의로운 학생은 부자에게서 돈을 훔쳐 가난한 사람에게 주고 싶다고 했다. 또한 좋아하는 연예인을 만나러 가고 싶다거나 맛있는 음식을 공짜로 실컷 먹을 거라는 학생들도 있었다.

조사 결과를 확인한 다음에는 칠판에 '비사회적 행동 대 사회적 행동 또는 예외'라고 적고, 그 아래 각 학생들의 답을 분류해 가며 같이 살펴본다. 대부분의 학생은 자신들이 예상했던 답이나 재미있는 답이 나오면 키득거리고, 소수의 "살인하겠다", "실컷 때려주겠다"와 같은 반사회적인 답변에 무서움과 놀라움이 섞인 반응을 보인다.

교도소에서 재소자들을 상대로 심리학을 가르친 미국의 한 교수가 20대 초반~30대 중반의 재소자들을 대상으로 앞서 내가 학생들에게 물은 것과 똑같은 내용으로 설문 조사를 했다. 은행 털기, 물건 훔치기, 싫어하는 사람 혼내 주기 등 반사회적 행동을 하겠다는 사람도 있었고, 어떤 사람은 돈을 훔쳐 친구나 가족에게 주고 싶다고 했다. 소수의 뜻있는 재소자들은 인종차별이나 빈곤 등과 같은 사회문제를 해결하는 데 그 힘을 쓰겠다고 했고, 몇몇 재소자는 맛있는 식당에 가서 실컷 먹거나 여행을 가고 싶다고 했다.

이 재소자들의 답변과 평범한 대학생들의 답변은 어떤 점이 달랐을까? 반사회적 행동을 하겠다고 답한 비율에서 대학생들과 재소자들 사이에 차이가 없었다. 그리고 사회적으로 선한 행동, 즉 기부나 사회문제 해결 등에도 보통의 대학생들과 재소자들은 비슷한 비율로 답했다. 학생들은 아무도 자기를 볼 수 없을 때 재소자들이나 자신들이나 하고 싶어 하는 나쁜 행동의 비율이 비슷했다는 사실에 놀란다.

여기서 핵심은 '익명성'이다. 이 익명성이 극대화되는 곳이 바로 인터넷이다. 인터넷 커뮤니티라는 집단에 어쩌다가 다른 의견을 가진 사람이 들어오면 그 집단은 무섭게 변한다. 대면하고는 하기 힘든 일들, 예를 들어 왕따 만들기, 소수 의견자 비방하기, 편 가르기 등이 인터넷에서 쉽게 일어난다. 이런 원리로 집단 혐오 현상도 더 부풀려진다. 반反중국인 정서를 가진 사람이 동네 중국 식당에 가서는 하지 못할 말을 인터넷상에서는 "한국인"이라는 집단 허울을 빌미로 온라인 커뮤니티에 쏟아 내곤 한다. 비겁하기 짝이 없지만 익명이라는 슈퍼파워가 있기에 평범한 사람들도 힘을 얻는다.

인터넷은 그렇게 슈퍼파워를 가진 인간들을 컴컴한 방에 몰아넣었다. 내가 누구인지, 어떤 의도와 생각이 있는지 아무도 모른다. 거짓말을 해도, 남을 비방해도, 남을 비방하는 글을 읽고 즐거워해도 그에 대한 제재가 없다. 게으른 뇌의 주특기인 허울 정보 줍기는 의견을 같이하는 사람들로 이루어진 온라인 커뮤니티에서 훨씬 더 쉬워진다. 자신이 생각하지 못하고 접해 보지도 못한 정보들을 다른 성원들이 가져오고 서로 알기 쉽게 설명도 덧붙일 수 있으니 말이다. 한마디로 게으른 뇌는 이제 가만히만 있어도 행복한 시절을 맞는다. 이렇게 인터넷에서는 집단 혐오 정서가 가속화된다.

인터넷에서는 무언가를 하지 않는 것이 도움이 되는 경우가 종종 있다. 마녀 사냥이나 집단 혐오 발언에 동의하지 않는다면 그것에 동조하지 않으면 된다. 동조하지 않는 행동이 다른 사람을 돕고 인터넷을 순화한다. 대형 사건 사고나 연예인 관련 스캔들 등이 터질 때마다 자극적인 영상이나 사진이 인터넷에 돌아다니면 피해자들은 심리적으로 극심한 고통을 받는다. 이런 이유로 한때 "사실 확인이 안 된 것들은 나누지 말자"는 운동이 한 온라인 커뮤니티에서 일어나기도 했다.

만약 사실로 확인되지 않거나 사실이 아닌 발언을 듣거나 본다면 그냥 지나치지 말아야 한다. 인터넷 사용자로서 책임감을 갖고 그에 대응해야 한다. 허위 사실을 퍼 나르고 말을 만들어 내는 이들은 그것들 모두가 사실이 아니라고 따끔하게 말하는 사람들을 무서워한다. 그들이 판치지 못하도록 상식 있는 이성적인 사람들이 목소리를 낼 필요가 있다.

접촉이 기회를 만든다

2020년에 조지 플로이드Geroge Floyd 사건을 계기로 "흑인의 목숨도 소중하다Black Lives Matter"라는 슬로건을 내건 운동이 일어났는데, 이는 전 세계적인 화제를 불러일으켰다. 미국에서 인종차별 사건이 일어날 때마다 각성의 목소리가 나오고 있지만, 해묵은 집단 차별과 갈등이 쉽게 사라지지 않고 있다. 미국의 유명 흑인 영화배우이자 코미디언인 크리스 록Chris Rock은 얼마 전 그의 쇼에서 불과 몇십 년 전에 자신의 할머니는 흑인이라는 이유로 백인 의사가 진료하는 치과에 갈 수 없었고 동물 병원에서 아픈 이를 치료받아야 했다고 말했다.

현재의 미국인들은 다른 인종을 동물 취급하던 시절에 살던 사람들과 같은 시대에 살고 있기에 그만큼 집단 차별을 단번에 없애기 어렵다. 집단 차별에 대한 사회적 인식을 바꾸기 위해 끊임없이 노력해야 하고, 집단 차별이 얼마나 혐오스럽고 미개한 일인지 사회 성원들에게 계속 상기시켜야 한다.

미국에서는 1900년 중반부터 인종차별을 금지하는 법안이 속속 발의·통과되고 있고, 어떻게 하면 인종 간 갈등을 줄일지에 대한 연구도 진행되고 있다. 미국은 1950년대만 해도 백인/흑인 전용 수도꼭지와 식당, 학교, 그리고 동네가 있을 정도로 백인과 흑인을 철저히 분리하다가 1964년에 이런 분리 정책을 폐지했다. 정부에서는 분리 정책 폐지가 집단 간 갈등에 어떤 영향을 미치는지 연구했는데, 분리 정책 폐지로 집단 간 접촉이 늘어나고 백인 집단과 흑인 집단이 서로에게 호의적인 태도를 갖게 된 것으로 나타났다.

이처럼 집단 간 갈등을 줄이기 위해서는 두 집단 성원 간에 우정이 싹틀 수 있는 환경을 조성해야 한다. 서로를 믿고 지원하며 좋아하는 친구 간의 우정 말이다. 심리학자들은 동등한 위치, 공통된 목적, 협동할 기회와 같이 집단 화합을 이룰 조건에서 두 집단이 꾸준히 접촉하면, 더 많은 우정이 싹틀 기회가 있다고 말한다. 이를 '집단 간 접촉 이론intergroup contact theory'이라고 한다.

인종차별이 극심했던 1900년대 초반에 미국은 두 번의 전쟁에서 흑인과 백인이 한편이 되어 공동의 적에 대항해 싸웠는데, 그 과정에서 서로에게 진한 전우애가 싹텄다. 이는 백인은 흑인에 대한,

흑인은 백인에 대한 차별과 편견을 점차 없애는 의미 있는 계기가 되었다. 인종, 종교, 계층, 나이 등 우리가 갖고 있는 집단에 대한 고정관념과 편견은 그 집단 사람들과 실제로 접촉해야 타파될 수 있다. 접촉조차 하지 않으면 고정관념은 존속될 수밖에 없다.

연구자들은 두 집단이 동등한 지위에 있거나 협력할 수 있는 상황을 많이 만들어야 한다고 말한다. 예를 들어 학교 농구부에서 인종과 상관없이 실력을 토대로 팀을 꾸려 함께 연습하고 다른 학교를 상대로 경기하는 것은 백인 학생과 흑인 학생 모두에게 서로의 인종에 대한 편견을 없애고 나아가 우정을 싹틔우는 데 도움이 된다.

이뿐 아니라 백인과 흑인이 섞여 살고 있는 미국의 정부 보조 아파트에서 종종 만나 담소를 나눌 정도로 친하게 지내는 백인과 흑인은, 상대 집단에 대한 편견이나 고정관념이 그냥 인사만 나누는 정도의 관계인 백인이나 흑인보다 훨씬 덜하다는 것이 관찰되었다. 비슷한 경제적 지위에 있고 같은 동네에 살면서 얻게 되는 정보를 교류하고 협력하면서 자주 접촉하면 겉으로만 이웃인 척하는 게 아니라 서로에 대한 이해와 우정을 가꿔 나갈 기회가 생긴다는 것이다.

싱가포르도 미국의 이런 정부 아파트 정책을 도입해 집단 간 갈등을 줄여 나갔다. 싱가포르는 중국인, 말레이시아인, 인도인, 백인 등 다양한 민족이 더불어 사는 나라다. 국민 대부분은 정부에서 제공하는 아파트에 사는데, 정부는 한 아파트 안에 서로 다른 민족이 섞이도록 세대를 배정했다. 중국계 가족 옆에는 인도계 가족, 그 옆에는 무슬림계 가족이 살게 해서 서로 다른 민족이 자연스럽게 매일 접촉할 수 있게 한 것이다. 이들에게 동등한 교육 기회와 생활 지원을 제공하는 것은 물론이다.

이웃, 친구, 상사, 동료로서 자신과 다른 집단을 계속 접하면 민족이 다르더라도 결국 다 비슷한 사람이라는 것을, 다른 한편으로 같은 중국계나 인도계 사람이라도 다 같은 범주로 묶을 수 없음을 알게 된다. 그래서 "누구누구는 어디 사람이라 안 돼"라는 말이나 생각이 합리적이지 않다는 것을 몸소 체험하게 된다.

이런 사회에서 집단 차별적 생각을 가진 사람은 생활하기 힘들 것이다. 예를 들어 시샘이 많고 남의 험담을 일삼는 인도계 동료를 보고 "인도계 사람들은 시샘과 험담을 많이 해"라는 편견을 잠시나마 갖게 됐다면 다음날 과묵하고 협력적인 인도계 동료를 마주하게 되면서 자신의 편견이 말도 안 된다는 것을 깨달을 것이다. 결국 이런 생활 속의 집단 간 접촉은 차별을 하지 않는 '좋은 사람'을 만드는 것이 아니라 집단을 기준으로 하는 차별이 실효성이 없음을 아는 '분별 있는' 사람을 만드는 것이다.

그러므로 다른 집단에 대한 편견은 다른 집단에 대한 다양한 경험을 함으로써 어느 집단에 속했다는 것 하나만으로는 누군가를 판단할 수 없음을 알게 될 때 없어질 가능성이 높다. '사람됨은 인종이 규정하는 것이 아니며 각각의 사람 나름이다'라는 결론을 내리게 되는 것이다.

집단 간 접촉 이론에 대한 연구는 인종뿐 아니라 장애인, 동성애자, 에이즈 환자, 정신질환자, 노인 집단 등과 같은 소수자 집단을 대하는 사람들의 태도를 바꾸는 데도 똑같이 적용된다. 이 이론은 영향력 있는 사회 세력과 지도층이 이를 전적으로 지지할 때 집단 간 갈등이 없어질 것이라고 말한다. 학교에서 남녀차별, 인종차별, 성소수자 차별 예방·금지 대책을 마련하려 할 때 교장과 학교 각 부서의 리더를 맡은 선생들이 이 대책에 믿음과 지지를 표명하는 경우와 그러지 못한 경우에 학생들이 겪는 집단 간 갈등이 확실히 차이가 난다는 것이다.

집단 간 접촉 이론을 실천하고 있는 사례로 미국의 언론 보도 지침이 있다. NBC와 같은 저명한 언론은 자신들이 미국의 자유 평등 이념을 지켜야 한다는 책임 의식을 갖고 그에 걸맞게 뉴스 진행자를 다인종으로 구성하며 메인 앵커와 기상캐스터를 흑인 남성으로 내세우는 경우가 많다. 만약 흑인 남성 앵커가 흑인이 벌인 폭동이나 불법으로 세금을 축내는 이민자들을 다룬 뉴스를 소개한다면 그 뉴스 마지막에는 흑인 또는 이민자의 선행을 보도한다. 코로나 기간 동안 학교가 문을 닫아 무료 급식이 끊긴 가난한 아이들을 먹이기 위해 매일같이 자전거로 음식을 배달해 준 흑인 선생님, 또는 일하던 촛불 공장이 허리케인으로 무너진 와중에 자신의 위험을 무릅쓰고 많은 동료를 구한 멕시코 이민자 출신의 재소자에 대한 소식을 소개하는 등 집단 편견이 생기지 않도록 뉴스 보도의 균형을 맞춘다.

우리나라도 다민족 사회로 가고 있다. 나는 20여 년간 외국에서 살고 있는데, 요즘처럼 한국의 위상이 높은 적이 없었다. 몇몇 아이돌그룹의 활약이나 영화의 성공을 떠나서 전체적으로 한국이 다른 나라 사람에게 '가고 싶은 나라', '살 만한 나라'로 비춰지고 있다. 그에 따라 한국에서 정착하길 원하거나 한국인으로 살아가길 원하는 다양한 나라의 사람들이 있다. 탈북민이나 재외동포, 한국을 몰랐던 외국인도 점점 한국의 사회 환경과 주거 환경, 교육 환경에 좋은 인상을 갖고 있다.

이런 때에 집단 혐오는 우리에게 도움이 되지 않는다. 집단 혐오는 허울, 즉 지금 어떤 집단에 속해 있거나 오래전에 그 집단에 속한 몇몇 개인이 저지른 일을 집단 전체에 투영해서 집단 성원 모두가 그럴 것이라고 판단하는 부정확한 고정관념에서 비롯되기 때문이다.

10장

공공의 최선

나는 집단심리학의 마지막 강의를 "지구가 망한다면, 그 이유는 무엇일까?"라는 가설로 시작한다. 외계인의 침공 같은 예측할 수 없는 사건을 제외한다면 제3차 세계대전, 자연 생태계 파괴, 지구온난화 등이 후보에 오를 만하다. 인간이 야기하는 이런 재앙들은 모두 소셜 딜레마social dilemma라는 개념으로 설명할 수 있다.

소셜 딜레마란 개인의 이기적인 행동이 집단의 이익과 상충되는 상황을 말한다. 많은 수학자, 정치학자, 사회학자, 경제학자, 심리학자 들이 소셜 딜레마를 연구하고 있는데, 이는 소셜 딜레마가 인간 사회에 흔히 존재하는 갈등을 슬기롭게 해결할 방법을 알아가는 데 도움이 되기 때문이다. 소셜 딜레마를 보여 주는 대표적인 예로 님비 현상을 들 수 있다. 공공의 이익이라는 관점에서 보면 어떤 지역에 대규모 쓰레기 소각장이 세워지는 것이 좋지만, 자기 집 주변에 그런 소각장이 생기면 집값이 떨어질 것이라는 생각에 소각장 건설에 반대하는 현상을 떠올리면 이해하기 쉽다.

미국의 유명 소설가 스티븐 킹Stephen King이 자신의 웹사이트에서 아주 재미있는 실험을 진행한 적이 있다. 그는 자기 소설을 독자가 돈을 내고 사는 방식이 아니라 공공기부금honor-system 제도 방식으로 연재하겠다고 선언했다. 소설의 첫 번째 장은 누구나 무료로 읽을 수 있으며 첫 번째 장을 다운로드받은 이들은 1달러씩 자발적으로 기부하도록 했다. 그리고 75퍼센트의 독자가 그렇게 기부금을 내면 계속해서 그다음 장을 연재하겠다고 공표했다. "돈을 내면 다음 이야기는 펼쳐집니다. 그러지 않으면 이야기를 접겠습니다"라고 말이다.

이 실험은 얼마 못 가 기부금 부족으로 중단되었다. 46퍼센트의 독자만이 기부금을 냈기 때문이다. 대부분의 독자는 자발적으로 기부금을 내지 않았고, 돈을 내는 다른 사람들에 묻어가길 바랐다. 이와 같이 스티븐 킹의 실험은 인간들의 이기적인 모습을 잘 보여주기에 소셜 딜레마를 소개하는 예로 자주 쓰인다.

개인의 이익과 집단의 이익 사이의 딜레마

인간 집단에서 일어나는 이런 소셜 딜레마를 압축해서 보여 주는 이야기가 바로 죄수의 딜레마다. 이 이야기에는 두 명의 용의자가 나온다. 이 둘은 살인을 공모한 혐의로 경찰에 붙잡혀 각자 다른 방에서 심문을 받게 된다. 경찰에 붙잡히기 전에 둘은 피해자와 우연히 시비가 붙어 그를 죽게 한 것이라고 말하기로 한다. 이 계획대로라면 둘 모두 우발적 살인이라는 혐의를 받고 각각 3년형을 선고받을 것이다. 그러나 경찰이 용의자1과 용의자2를 분리 심문하면서 만약 상대가 범죄를 계획했고 본인은 옆에 있기만 했다고 말한다면 상대는 50년형을 선고받지만 본인은 바로 풀려날 것이라고 말한다. 만약 둘 다 상대를 범행의 주범으로 밀고한다면 각각 20년형을 선고받게 된다. 요컨대 이들은 배신과 의리라는 두 개 선택지 중 하나를 선택해야 하는 상황에 놓인 것이다.

용의자1의 입장에서 보면, 상대가 배신한다는 가정하에 자신도 배신한다면 20년형을, 의리를 지킨다면 50년형을 선고받는다. 또한 상대가 의리를 지킨다는 가정하에 자신이 배신한다면 형을 선

용의자1 / 용의자2	배신	의리
배신	−20년, −20년형	0년형, −50년형
의리	−50년형, 0년형	−3년형, −3년형

그림15 죄수의 딜레마. 개인에게 유리하지만 집단에는 불리한 결과에 놓인다. 밑줄 그은 부분은 용의자1의 형량이다.

고받지 않고, 자신도 의리를 지킨다면 3년형을 선고받는다. 결국 어떻게 가정하든 배신을 선택하는 것(20년형과 0년형의 평균은 10년형)이 의리를 선택하는 것(50년형과 3년형의 평균은 26.5년)보다 용의자1에게 유리하다. 이는 용의자2도 마찬가지다. 하지만 둘을 하나의 집단으로 본다면, 둘 다 배신하는 것(둘의 형을 합해 40년형)보다 둘 다 의리를 선택하는 것(둘의 형을 합해 6년)이 집단에는 최선이다. 이렇게 개인에게는 유리하지만 집단에는 불리한 결과가 나오는 상황이 바로 소셜 딜레마다.

핵개발을 예로 들어 보자. 이웃한 두 나라 모두에 핵이 없다면, 이들 나라가 서로를 위협할 일은 없을 것이다(공공의 최선). 그런데 한 나라에만 핵이 있고 나머지 한 나라에는 핵이 없다면 핵을 보유하지 못한 나라는 국가 안보에 위기감을 느낄 수밖에 없다. 두 나라 모두 핵을 보유하고 있다면, 두 나라 모두에 위기감이 고조될 것이다(공공의 최악). 어느 나라든지 자국의 입장만 생각한다면 핵을 보유하는 것이 유리하다. 하지만 많은 나라가 핵을 보유한다면 소규모 분쟁에도 핵이 사용돼 전 세계가 종말을 맞을 확률이 높아진다.

교통 체증도 마찬가지다. 대중교통이 아닌 자가용을 이용하면 개인적으로는 편리하게 이동할 수 있다. 하지만 모두가 자가용을 이용한다면 교통 체증으로 도로에서 꼼짝 못 할 수밖에 없다. 환경

오염도 그렇다. 회사의 이익만 생각한다면 환경에 좋지 않은 물질을 마구잡이로 배출해 버릴 것이다. 하지만 모든 기업이 그런다면 순식간에 자연환경은 파괴되고 만다. 사회 성원 모두의 건강과 안위를 위해서는 알코올의존증치료전문병원이 필요하지만, 사람들은 집값이 떨어진다는 이유로 자기가 사는 동네에 그런 병원이 세워지는 것을 반대한다.

그뿐 아니라 소셜 딜레마는 집안일 분담, 직장에서의 업무 분배, 비즈니스 협상과 같은 상황에도 적용된다. 예를 들어 남편이든 아내든 집안일을 귀찮아하며 서로에게 미루고 아무도 집안일을 하지 않는다면 곧 집안은 엉망이 되고 모두 다 생활이 불편해진다. 또한 팀 프로젝트에서 몇몇 이기적인 팀원은 최소한으로 노력하면서 다른 팀원들이 노력해서 얻어낸 결과물에 묻어가려고 한다. 모든 팀원이 그렇게 이기적으로 행동한다면 결국 팀은 형편없는 결과물을 내게 된다.

이런 소셜 딜레마는 자신과 상대 또는 관련된 모든 개인이 아무도 이기적이지 않을 것이라는 믿음이 있을 때 없어진다. 그렇지만 이런 믿음은 가족 간에도 생기기 힘들다. 현실에서는 부부도 양말 제자리에 두기, 먹은 그릇 설거지통에 넣기 같은 소소한 집안일에서 소셜 딜레마에 처하곤 한다.

인간은 이기적인 선택을 포기하기 힘들고 이타적인 선택을 하는 사람이라도 금세 이기적으로 변하기 쉽다. 이기적인 선택은 상대가 어떤 선택을 하든 자신에게 최고의 이익을 주기 때문이다. 영화 〈뷰티풀 마인드A Beautiful Mind〉의 실제 모델이자 유명한 경제학자인 존 내시John Nash는 이를 내시 균형Nash equilibrium으로 설명했다.

심리학자들은 그림 16과 같은 도표를 실험 참가자 두 명에게 보여 주며 두 가지 옵션 중 어느 것을 선택할지 묻는 실험을 하기로 했다. 이와 같이 간단히 두 명의 참가자, 그리고 도표와 그 안의 숫자만으로 소셜 딜레마를 재현할 수 있어 죄수의 딜레마는 심리학자들의 이목을 끌었다.

그림16에서 도표의 숫자는 참가자들이 받는 돈의 액수다. 돈의 절대적인 양은 실험 때마다 달라질 수 있지만, 각 상황에서 받는 돈의 비율은 똑같거나 비슷하게 설정된다. 어떤 결정을 내리는지에는 상대적인 양의 비율이 중요하기 때문이다.

여기 두 가지 선택지가 있다. 협력을 의미하는 CCooperate와 경쟁/배신을 의미하는 DDefect다. 참가자1과 2가 받는 돈은 각자가 어떤 선택을 하는지에 따라 달라진다.

만약 참가자1이 C를 선택하고 참가자2도 C를 선택한다면, 참가자1은 2달러 40센트, 참가자2도 2달러 40센트를 받을 것이다. 만약 참가자1이 C를 선택하고 참가자2가 D를 선택한다면, 참가자1은 60센트를, 참가자2는 3달러를 받을 것이다. 그러므로 참가자1

		참가자2	
		협력(C)	배신(D)
참가자1	협력(C)	2.40 2.40	3.00 0.60
	배신(D)	0.60 3.00	1.20 1.20

그림16 소셜 딜레마 실험에서 주어진 선택지. 참가자1과 참가자2가 모두 C를 선택하면 각각 2달러 40센트를 받는다.

이 C를 선택할 때의 평균 예상 이익은 (2.40+0.60)/2로 1달러 50센트다.

참가자1이 D를 선택하고 참가자2가 C를 선택한다면 참가자1은 3달러를, 참가자2는 60센트를 받을 것이다. 만약 참가자1이 D를 선택하고 참가자2도 D를 선택한다면 참가자1, 2 모두 1달러 20센트를 받을 것이다. 그러므로 참가자1이 D를 선택할 때의 평균 예상 이익은 (3.00+1.20)/2로 2달러 10센트다. 상대가 C를 선택하든 D를 선택하든 각 참가자는 D를 선택하는 것이 평균적으로 더 이득이기 때문에 D를 선택하는 것이 이성적이고 합리적인 결정이다.

하지만 참가자1과 2가 모두 자기 개인의 이득만을 좇아 D를 선택한다면 모두가 얻는 이득의 총량은 1.20+1.20=2달러 40센트가 된다. 반면 둘 다 C를 선택한다면 모두가 얻는 이득의 총량은 2.40+2.40=4달러 80센트가 된다(그림17).

이를 개인과 집단의 관계에서 보면, 합리적으로 행동하는 이성적인 개인이 모여 자기에게 이득인 D를 선택하면 집단은 최대한의 가능한 이득을 얻지 못하게 된다(내시 균형 상태). 다시 말해 집단 이득의 관점에서 보면 참가자 모두가 C를 선택하면 얻을 수 있는 총 4달러 80센트의 이득을 실현시키지 못하고, 이성적·합리적 개인이 모인 집단이 D를 선택하여 총 2달러 40센트라는 절반의 이득밖에 얻지 못한다.

이타적인 사람들의 특징

연구자들은 이런 소셜 딜레마를 어떻게 하면 더 협력적인 방향으로 전환할지 연구했고, 이는 실제 정책에 반영되고 있다. 가장 대표적인 것이 '탄소세'다. 탄소세는 지구온난화의 주범인 이산화탄소 배출을 줄이기 위해 탄소 배출량 기준을 정하고 이를 넘는 배출량에 부과하는 세금이다. 이는 기업들이 D를 선택하는 것, 즉 탄소를 배출하는 것에 세금을 매김으로써 그 선택을 피하게 만든다.

많은 나라에서 시행되고 있는 출퇴근 시간대 버스 전용차선 역

		참가자2			
		협력(C)		배신(D)	
참가자1	협력(C)	2.40	2.40	0.60	3.00
	배신(D)	3.00	0.60	1.20	1.20

그림17 참가자1과 참가자2가 모두 C를 선택하거나 모두 D를 선택하는 경우.

시 C를 선택하는 것, 즉 대중교통을 이용하는 것에 인센티브를 제공하는 것이다. 이와 같이 내시 균형이 아닌 상황을 인위적으로 만들기 위해서는 그에 걸맞은 인센티브나 디스인센티브가 적절히 사용되어야 한다.

연구 결과, 상대를 선택할 수 있는 집단이나 협력하지 않는 사람을 집단에서 제외시킬 수 있는 집단은 소셜 딜레마 상황에서 덜 고통받았다. 또한 이타적인 사람들이 모인 집단은 이기적인 사람들이 모인 집단보다 소셜 딜레마로 덜 고통받는다는 연구 결과도 있었다. 재미있는 사실은 이타적인 사람들은 대부분 다른 사람이 이타적일 것이라고 생각하고 C를 선택하는 사람들이 더 현명하다고 믿었다는 것이다. 그에 반해 이기적인 사람들은 다른 사람들도 이기적일 것이라고 생각하고 D를 선택하는 사람들이 더 현명하다고 믿었다.

자신이 이기적인지 아니면 이타적인지는 네덜란드 심리학자 폴 반 랑에Paul Van Range와 공동 연구자들이 개발한 아래 테스트를 통해 알아볼 수 있다.[30] 각 문항마다 자신과 남 사이에 돈을 나누는 A, B, C, 이 세 가지 상황이 있다. 어떻게 나눌지 생각하고 동그라미를 쳐 보자.

	A	B	C
(1) 나의 몫	480	540	480
남의 몫	80	280	480
(2) 나의 몫	560	500	500
남의 몫	300	500	100
(3) 나의 몫	520	520	580
남의 몫	520	120	320
(4) 나의 몫	500	560	490
남의 몫	100	300	490
(5) 나의 몫	560	500	490
남의 몫	300	500	90
(6) 나의 몫	500	500	570
남의 몫	500	100	300

(7)	나의 몫	510	560	510
	남의 몫	510	300	110
(8)	나의 몫	550	500	500
	남의 몫	300	100	500
(9)	나의 몫	480	490	540
	남의 몫	100	490	300

그림18 이타주의 테스트.

- 이타적인 사람은 남의 이득을 본인의 이득만큼 중요하게 생각한다. 1번에서 C, 2번에서 B, 3번에서 A, 4번에서 C, 5번에서 B, 6번에서 A, 7번에서 A, 8번에서 C, 9번에서 B, 이렇게 선택한 횟수가 많을수록 이타적인 사람이다.
- 개인주의적인 사람은 남의 이득과는 상관없이 본인의 이득만 챙긴다. 1번에서 B, 2번에서 A, 3번에서 C, 4번에서 B, 5번에서 A, 6번에서 C, 7번에서 B, 8번에서 A, 9번에서 C, 이렇게 선택한 횟수가 많을수록 개인주의적인 사람이다.
- 이기적인 사람은 자신이 남에 비해 더 많은 이득을 취한다. 1번에서 A, 2번에서 C, 3번에서 B, 4번에서 A, 5번에서 C, 6번에서 B, 7번에서 C, 8번에서 B, 9번에서 A, 이렇게 선택한 횟수가 많을수록 이기적인 사람이다.

'눈에는 눈, 이에는 이' 전략

미국의 정치학자 로버트 액설로드Robert Axelrod는 컴퓨터 시뮬레이션과 실험 참가자들을 동원하여 여러 차례 실험하면서 주어진 소셜 딜레마 상황에서 어떻게 전략적으로 행동하는 것이 더 많은 이득을 얻는지 연구했다.[31]

그의 연구에 따르면 대부분의 사람은 보통 실험이 시작될 때에는 협력을 선택한다고 한다. 그러나 곧 한두 사람이 배신을 선택하면 협력을 선택한 사람들은 큰 손해를 본다. 그러면 곧이어 다른 사람도 배신을 선택한다. 그렇게 점점 더 많은 사람이 배신을 선택하면, 집단 전체에 배신이 고착돼 버린다. 이것이 모두에게 손해라는 것을 깨달은 참가자들은 협력을 선택하는 방향을 모색한다고 한다. 한마디로 소 잃고 외양간 고치는 셈이다.

상호 배신으로 교착상태에 빠지면 돌이키기 힘들기 때문에 애초에 그런 상황에 빠지지 않는 것이 최선이다. 또한 이미 상호 배신 상태에 있더라도 다시 협력할 방법을 찾아야 한다. 액설로드는 어떤 전략이 개인에게 최대의 이익을 줄지에 대한 답을 찾기 위한 연구에 착수했다.

먼저 죄수의 딜레마에서 쓰일 수 있는 다양한 전략들, 예를 들어 상대가 어떻게 나오든 계속 배신하는 전략, 또는 상대가 협력적으로 나올 때만 배신하는 전략 등을 찾고 있다고 학계에 공고를 냈다. 그 결과 14개 대학에서 게임이론을 연구하는 심리학과, 경제학과, 정치학과, 수학과, 사회학 분야의 교수들에게 각기 다른 전략, 즉 상대가 어떤 선택을 하든 협력하는 전략, 처음에는 협력하다가 상대가 배신하면 끝까지 배신하는 전략 등을 받아 그것을 컴퓨터 프로그램화했다. 그러고는 이들 전략을 컴퓨터 프로그램상에서 맞대결시키는 시뮬레이션을 돌리고 그 결과를 합산해 어떤 전략이 제일 많은 이득을 얻는지 기록했다.

그 결과 상대가 협력을 선택했다면 똑같이 협력을, 배신을 선택했다면 똑같이 배신으로 대응하는 전략이 제일 많은 이익을 본다는 연구 결과가 나왔다. 상대가 어떤 전략을 쓰든 '눈에는 눈, 이에는 이' 전략이 다른 전략에 비해 개인에게 최대의 이득을 보장했다.

평상시에 협력을 선호하는 사람들은 상대가 배신해도 쉽게 용서하고, 관계가 껄끄러워지면 거북해지고 본인도 나쁜 사람이 되는 것이 싫어 계속 협력하는 습성이 있다. 이렇게 대응하면, 상대는 협력 전략을 쓰는 사람을 존중하지 않고 계속 그를 배신해도 된다고 생각하기 때문에 협력 전략을 쓰는 사람은 계속 배신당한다. 반대의 경우도 마찬가지다.

평상시에 배신을 주로 선택하는 사람이 협력적인 상대를 만났을 때에는, 그 상대의 협력에 발맞추어 자신도 협력해야 한다. 상대가 협력을 선택했는데 이득을 보는 데에만 급급해 계속 배신을 선택한다면, 상대는 결국 협력을 포기하고 배신을 선택할 수밖에 없다.

상대가 배신을 선택할 때에는 상대의 인성을 비난하지 말고 상황을 분석하고 그에 대해 자신의 입장을 명확히 표명해야 한다. 즉 나는 당신이 이러저러하게 행동할 것이라고 예상했는데 그것에 벗어나 행동했다, 더 나아가 이런 일이 또 일어난다면 문제 삼을 수밖에 없다는 점을 짚어 줘야 한다. 자신을 바보같이 착한 사람으로만 본다면 큰 코 다칠 것이라고 상대에게 경고하는 셈이다. 그러면 상대도 배신으로는 더 이상 이득을 볼 수 없다는 것을 깨닫고 상호 협력을 도모하게 된다.

앞서 말한 전략 시뮬레이션에서 최고의 이득을 본 여덟 개 전략 중에 상대보다 먼저 배신하는 전략은 하나도 없었다. 상대보다 먼저 배신을 선택하는 사람들은 더 손해를 보았다. 관계가 무르익기 전에 종종 어떤 사람들은 상대가 먼저 배신할지 몰라 두려워서, 또는 상대에게 지기 싫어서, 또는 상대를 테스트해 봐야겠다며 먼저 배신을 선택하곤 한다.

그러나 그럼으로써 이 둘의 관계는 상호 배신이라는 되돌릴 수 없는 교착상태에 빠진다. 즉 상대가 당신을 더 이상 신뢰할 수 없게 만들 뿐 아니라 복수를 다질 기회를 주는 셈이고, 상대의 믿음을 저버림으로써 더 이상 협조를 구하지 못하게 된다.

대개 사람들은 소셜 딜레마에서 이득을 보는 방법은 남이 먼저 배신하기 전에 자신이 배신을 선택하는 것이라고 생각한다. 하지만 그러면 상호 관계가 배신 구도로 변해 결국 본인이 손해를 자초하게 된다. 이와 비슷한 경우로, 잔꾀를 부려 상대의 의중을 알아내고 그것을 이용하려고 하는 것도 이익을 최대화하는 데 해가 된다고 액설로드는 말한다. 상대를 의심하는 행동이 처음엔 어떤 의심도 없던 상대의 생각과 행동에 영향을 미쳐 결국 자기가 의심한 대로 상황이 벌어지기 때문이다.

한 유통업체 사장이 제품업체 사장에게 제품을 구입해 외국에 유통하는 일을 한다고 해 보자. 유통업체 사장이 비밀리에 제품업체 사장의 과거 이력을 뒷조사하며 자기에게 질 좋은 물건을 대 줄지 여부를 캐고 다닌다는 것을 제품업체 사장이 알게 된다면, 제품업체 사장은 '왜 그러지? 혹시 켕기는 뭔가가 있어서 그러는 건가?' 하는 의구심이 들기 마련이다. 그러면 협상 자리에서 유통업체가 하는 말들을 제품업체는 곧이곧대로 듣지 않고 그 뒤의 숨겨진 의미를 찾는 데 골몰하는 등 그에 대한 의심이 무성하게 피어나는 상황이 돼 버린다. 유통업체의 쓸데없는 의심에서 비롯된 잔꾀가 결국 스스로를 상호 협력이 어려운 상황으로 몰아간 셈이다.

솔직함이 최선의 전략이다. 자신의 전략을 상대가 알기 어렵게 숨기겠다는 잔꾀도 같은 맥락에서 자신에게 해를 끼친다. 죄수의 딜레마 또는 소셜 딜레마는 제로섬이 아니다. 본인의 이득을 그리고 공동의 이득을 최대한으로 보장하려면, 상대가 이해하기 쉬운 간단한 전략을 쓰고 그 전략을 쓰겠다고 상대에게 솔직하게 이야기하면서 실제로 그 전략을 쓰는 것이 가장 유리하다.

'눈에는 눈, 이 에는 이', 즉 '내가 나쁜 짓을 하면 상대도 그럴 것이다'라는 전략이 가장 유리한 것도 그 전략은 간결해서 상대가 이해하기 쉽기 때문이다. 그리고 상대가 배신을 생각하고 있다면, '눈에는 눈, 이에는 이' 전략은 그도 똑같이 배신당할 것임을 알리는 경고로 작용해 배신을 미연에 방지할 수 있다. 결국 최고의 협상가는 남을 속이는 사람이 아닌 정직한 사람이다. 속임수는 오히려 독이 된다.

두 개인과 두 집단 중 어느 쪽이 협력을 더 잘할까

이제까지 소셜 딜레마의 원리와 적용 그리고 상호 협력 관계를 만드는 법에 대해 이야기했다면, 여기서는 소셜 딜레마를 두 개인과 두 집단이 풀어 나갈 때 각각 어떻게 다른지 이야기하고자 한다.

정치학자들은 소셜 딜레마를 활용해 핵 협상 전략을 연구하는데, 이때 핵무기 개발을 배신으로, 핵무기 개발 중지를 협력으로 설정한다. 예를 들어 북한이 핵무기를 개발한다고 한다면, 핵이 없는 우리나라는 어떤 식으로 대응을 해야 북한의 핵무기 개발을 멈추거나 지연시킬지 연구하고, 북한이 핵무기와 관련해 선택할 수 있는 경우의 수를 따진다거나 외교 전략에서 게임이론을 모형화한다.

집단 간 관계가 국가 전체와 세계 정세에 많은 영향을 끼치는 만큼 연구자들은 두 개인이 아닌 두 집단이 서로에게 '협력'할지 아니면 '배신'할지 선택하게 하고 그들의 행동을 관찰해 왔다. 앞서 언급한 죄수의 딜레마에서 두 범죄자가 엮인 상황을 이야기했다면 이제는 두 갱단이 엮인 상황을 이야기하려 한다. 개인인 두 범죄자 간의 관계와 집단인 두 갱단 간의 관계 중에서 어떤 관계가 더 배신할 확률이 높을까?

수십 편의 논문을 분석한 결과 다음과 같은 내용이 도출되었다. 머릿수가 더 많은 집단이 개인에 비해 갈등을 더 슬기롭게 풀어 나갈 것 같지만, 두 집단이 협력하는 비율은 두 개인이 협력하는 비율에 비해 현저히 낮았다. 집단은 다른 집단을 적대시하거나 상대 집단과의 약속을 깨면서 이득을 노리려는 경향이 강했고, 두 집단은 결국 배신이라는 악순환에서 벗어나지 못했다. 이를 개인-집단 관계의 불연속 현상이라고 부르는데,[32] 개인이 모여 집단을 이루면 경쟁 관계가 급격히 심화된다는 것이다.

예를 들어 10명으로 구성된 정책위원회 안에 7명의 친親싱가포르 위원과 3명의 반反싱가포르 위원이 있다면, 이 위원회 위원들이 싱가포르를 상대로 협력할 결정을 내릴 확률은 70퍼센트로 예상될 것이다. 그러나 연구에 따르면 이러한 예상은 보기 좋게 빗나갔다.

상대 집단과의 협력을 원하는 성원의 수가 협력을 원하지 않는 수보다 많다고 해서 상대 집단과의 협력에 찬성하는 비율이 높아지는 것은 아니다. 예를 들어 배신을 원하는 성원이 한 사람이라도 있다면, 집단 전체가 배신을 선택하는 일이 빈번히 일어난다. 상자 안에서 곰팡이 핀 귤 하나가 다른 귤들을 금세 썩게 하듯이 말이다. 심리학자들은 집단이 개인에 비해 배신을 쉽게 선택하는 데는 세 가지 이유가 있다고 말한다.

첫째, 개인의 '배신'은 보통 자기 이득에만 치중한 선택으로 비춰지지만 집단의 '배신'은 개인이 속한 집단의 성원에게 이득이 되어 집단 모두에게 도움이 되는 선택으로 여겨지기 때문이다. 배신을 옹호하는 사람의 논리는 같은 집단 성원에게 '집단의 이익을 최대한으로 생각하는 사람'으로 비춰지기에 집단에서는 다른 집단에 대한 '배신'이 득세하기 쉽다. 다시 말해 공공의 이익을 얻을 수 있다고 생각되면 집단 성원은 다른 집단을 상대로 쉽게 배신을 선택한다.

둘째, 개인의 결정은 책임 소재가 확실하지만 집단의 결정은 누가 어떻게 영향을 미쳐 결정됐는지가 외부자나 다른 집단이 알기

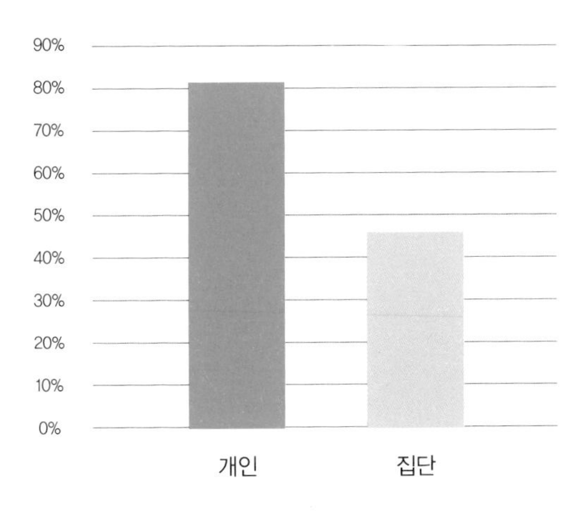

그림19 두 개인과 두 집단이 협력하는 비율.

어렵기 때문이다. 집단의 이러한 익명성을 바탕으로 집단 안에서는 배신을 도모하는 사람들이 자기 의견을 공공연히 드러낼 수 있다. 또한 "저 집단 사람들은 본성이 못됐다"는 식의 근거 없는 고정관념도 집단 안에서는 여과 없이 입에 오르내리고 설득력을 얻는다. 연구 결과, 이러한 익명성을 이용해 집단은 개인보다 거짓말을 더 자주 하고 협조하겠다는 약속을 어기는 일도 훨씬 더 빈번했다.

셋째, 개인 간 관계에서보다 집단 간 관계에서 불신의 정도가 더 강하기 때문이다. 개인 간에는 비교적 쉽게 신뢰를 쌓고 협력을 유지하고 친구가 될 수 있다. 하지만 집단 간에는 상대에 대한 편견이나 과거의 나쁜 기억이 남아 있고, 이런 기억은 집단 성원이 다른 집단과 협력하는 데 걸림돌로 작용한다. 이처럼 집단 간에 신뢰 관계가 형성되지 않으면 언제든 협력하지 않는 것으로 서로가 태도를 바꿀 수 있다. 그러기에 집단은 자신이 먼저 공격받거나 배신당해 낭패를 보기 전에 미리 방어하는 차원에서 배신을 선택하는 것이다.

토론의 질이 집단의 성공을 좌우한다

집단은 살아 있는 사회 생명체다. 이런 집단이 다른 집단을 배신하는 상황에 있다는 것은 그 집단이 상당한 스트레스와 불안 상황에 놓여 있다는 것을 의미한다. 개인도 다른 사람과 갈등 상태에 있을 때, 두려움과 근심 때문에 제대로 사고하지 못하는 경우가 많다. 집단도 다른 집단과 갈등 상태에 놓일 때, 상황을 제대로 파악하지 못하고 남의 말을 생각 없이 따르는 집단 사고가 더 강화된다는 연구들이 있다.

미국의 집단심리학자 피터 수에드펠드Peter Suedfeld와 필립 테틀록Philip Tetlock은 미국이 다른 나라와 전쟁이나 전쟁 직전까지 갔던 국제분쟁과 평화롭게 해결된 국제분쟁을 비교하기 위해 각각의 외교통신을 분석했다.[33] 그 결과 전쟁까지 갔던 분쟁 상황에서 주고받은 통신은 평화롭게 해결된 분쟁 상황에서 주고받은 통신에 비해 흑백논리와 성급한 일반화 등과 같이 집단 사고를 보여 주는 내용의 통신이 더 많았다.

집단 간 협력을 이끌어 내려면 어떻게 해야 할까? 집단 사고를 줄인다면, 그래서 집단이 현명하게 행동하게 된다면 집단 갈등을 푸는 데 도움이 되지 않을까? 나는 이를 알아보기 위해 집단이 다양한 의견을 공정하게 나누고 평가하는 등의 질 높은 토론을 하면 상호 협력을 이끌어 낼 수 있다'는 가설을 세우고 실험했다[31]. 먼저 여섯 명의 실험 참가자를 세 명씩 두 집단으로 나누었다. 그러고는 그림15와 비슷한 죄수의 딜레마 표를 보여 주고 두 집단에 "이 실험은 사회 결정social decision에 대한 실험이고, 두 집단은 여러 차례 이 표를 바탕으로 결정을 하게 될 것"이며 "포인트를 얻은 만큼을 돈으로 환산해 분배할 것"이라고 설명했다. 이 사회 결정은 여섯 번의 라운드로 반복되었다.

이 실험에는 세 가지 조건이 있었다. 첫 번째는 자연 토론 조건으로, 토론에 어떤 제재도 가하지 않았다. 두 번째는 균형 토론 조건으로, 집단 사고를 줄일 수 있도록 집단 토론에서 협력을 선택할 때와 배신을 선택할 때의 장점과 단점을 각각 쓰게 했다. 세 번째는 협력주의자 조건으로, 협력을 원하는 집단원이 토론을 이끌게 했다.

자연 토론 조건의 집단에서는 예상한 대로 집단 간 배신이 가장 높게, 지속적으로 나타났다. "저 집단은 원래 태생이 사악한 것 같다"거나 "저 집단은 우리가 약속을 어겨도 복수할 깜냥도 되지 않는 겁쟁이일 것이다"라는 식의 집단 차별적 발언이 거침없이 쏟아졌다. 이렇게 아무런 제재가 없는 토론은 두 집단을 경쟁 구도로 몰아갔다.

예를 들어 집단의 대표들은 처음에는 협력하겠다고 약속했지만 이후 최종 결정 과정에서 이를 어기고 배신을 선택하기도 했다. 이렇게 배신으로 한번 신의를 잃은 집단은 그다음 라운드에서 대표가 "실수였다", "잘못 썼다", "다른 사람이 하라고 했다" 등등과 같은 그 어떤 말을 해도 상대팀은 그 말을 믿지 않았고 상호 배신의 악순환이 계속되었다. 상대팀이 협력하겠다고 약속해도 집단 차별적 언사가 난무하는 자연 토론 조건의 팀은 상대를 못 미더워하게 된다. 한번 상대를 테스트해 보자는 식으로 배신을 선택하기도 하는데, 그러면 돌이킬 수 없는 상황에 빠져 버린다.

균형 토론 조건의 집단은 집단 토론 때 협력 또는 배신과 관련된 장점과 단점에 관해 이야기를 나누고 아래 도표에 그 내용을 썼다.

균형 토론 조건의 집단에서는 상호 협력을 위한 두 집단 대표의 협상이 다른 조건의 집단에 비해 훨씬 더 성공적이었다. 이들은 집단 토론을 통해 선택에 따라 결과가 어떻게 달라질지에 관해 여러

	장점	단점
선택1		
선택2		

그림20 균형 토론 조건의 집단에서 쓰인 도표.

의견을 나눴고 상대를 향한 일방적인 비방이나 편견을 지양하는 모습을 보여 주었다. 상대의 저의를 알아보려 애쓰는 데 시간을 허비하기보다 현실적·구체적으로 자신의 선택에 따라 상대 집단이 어떻게 반응할지, 그리고 자신의 이익에는 단기적·장기적으로 어떤 영향이 미칠지에 관해 심도 깊은 의견을 주고받았다. 다시 말해 이 집단은 협력만이 아닌 협력과 배신 모두를 두고 심사숙고했다.

또한 균형 토론 조건의 집단은 놀라운 협상 기술을 보여 주었다. 이 집단은 상대 집단이 배신을 선택했을 때, 자신들이 상대를 따라 배신을 선택한다면 그것의 장점(상대에게 우리가 당하고 있지만은 않는다는 점을 보여 주는 것)과 단점(상대 집단과의 관계가 배신의 악순환에 빠질 수 있는 것)이 무엇인지 따져보았다. 그러고는 이런 일련의 가능성을 대표 간 회의를 통해 상대 집단과 소통함으로써 상호 협력의 관계로 회복하는 모습을 보여 주었다.

배신의 관계에서 빠져나오려면, 배신을 먼저 한 집단이 사과하고 지난 자신의 행동을 납득할 수 있게 설명하거나("당신들이 먼저 배신을 할까 봐 무서웠다", "우리 집단에 경쟁적이고 고집불통인 집단 성원이 하나 있었다" 등등) 상대에게 배신에 대한 보상을 약속하고("다음번에 우리가 협력을 선택할 때 당신들이 배신을 선택해도 됩니다") 그것을 실제로 이행하는 것이 가장 효과적이었다. 이런 화해의 전략을 균형 토론 조건의 집단은 질 높은 토론을 통해 깨달을 수 있었다.

협력주의자 조건의 집단에서는 처음에는 협력이 높아지는 효과가 있었다. 하지만 상대가 한번 배신하면, 이 집단은 태도가 돌변해 배신으로 입장을 바로 바꿔 버렸다. 토론을 이끄는 협력주의자가 "상대가 실수했을 수도 있다. 한 번 더 기회를 주자"라며 협력하는 분위기로 만들려 해도 다른 성원이 "이 상황에서 또 협력하자는 것은 상대 집단의 스파이와 다름없는 행동"이라며 그의 의견을 일축했다.

또한 처음에 별 생각 없이 협력주의자의 말을 따라왔던 집단 성원은 상대 집단이 배신을 선택하면 "계속 협력해 온 우리에게 어떻게 이럴 수 있느냐!"며 분노하고, 이는 곧 복수로 이어진다. 게다가 처음에 협력주의자의 의견을 따른 자신들을 자책하고 협력주의자도 불신하면서 집단 내 갈등이 더 심화된다.

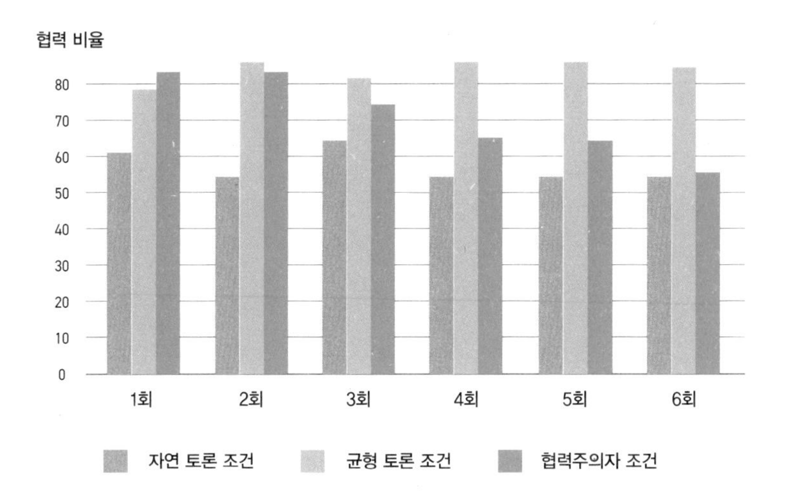

그림21 각 조건에 따른 세 집단의 협력 비율 변화.

이렇게 종종 협력주의자인 리더가 처음에는 인기를 끌지만 나중에는 다른 성원의 지지와 상대 집단과의 협력도 잃는 경우가 있다. 리더가 협력주의자라고 해서 두 집단의 관계가 계속 우호적일지는 보장할 수 없다. 이는 협력주의자 리더는 개인의 영향력이 아니라 질 높은 집단 토론을 바탕으로 협력을 이끌어 내야 한다는 메시지를 담고 있다.

이 실험에서 두 집단의 관계가 우호적으로 유지되려면 의사결정 과정의 질이 높아야 한다는 점이 드러났다. 질 높은 토론을 유도한 집단은 현명하게 판단하게 되어 다른 집단과 협력적인 관계를 맺을 확률이 높았다. 그리고 똑같이 협력을 선택했더라도 협력주의 자 조건의 집단은 그냥 토론 리더가 하자는 대로 휘둘려서 선택했고, 균형 토론 조건의 집단은 두 가지 중 어느 하나를 선택할 때의 장단점을 함께 심사숙고한 뒤에 선택했다. 겉으로는 같은 선택이지만 그 토론의 질은 달랐다. 이렇게 집단 간 갈등이나 대립 상황에서 질 높은 토론은 집단의 존립 여부를 좌우하고 집단이 어려움을 슬기롭게 극복하게 하는 요인이 된다.

맺는말

어렸을 때, '우~와, 우와 우~와' 하는 음악과 함께 목도리 도마뱀이 신나게 두 발로 뛰어가는 영상으로 시작하는 동물 프로그램을 즐겨 보곤 했다. 동물의 생활을 담은 텔레비전 프로그램에는 주로 귀여운 새끼와 엄마, 또는 배고픈 육식동물과 쫓기는 초식동물들의 이야기가 펼쳐진다. 그중에서도 어미가 온 힘을 다해 새끼를 돌보는 이야기는 많은 사람의 공감을 얻는다.

이처럼 부모가 자식을 위해 헌신하는 것은 자신의 유전자를 후세대에 전하는 일과 맥락을 같이한다. 그래서 인간을 포함한 모든 동물은 모성애와 부성애를 아주 자연스럽게 받아들이고 경험한다. 피를 나눈 가족을 위한 이타적인 행동은 본능적으로 모든 동물에게 새겨져 있다. 그러므로 이런 행동은 가장 대단해 보이지만 사실 가장 동물적인 행위다.

이 책의 여러 장에서 인간 집단의 맹점에 관해 이야기한 바 있다. 개미 같은 곤충도 협력하며 살아가고 있는데, 인간은 집단 허울, 집단 차별 등과 같은 심리 기제에 휘둘려 협력으로 이룰 수 있는 많은 성장과 평화의 기회를 놓치고 있다고 말이다.

반면 인간은 다른 집단이라면 이루기 힘든 불가능한 일을 많이 이뤄 왔다. 인간이 집단을 운영하는 방법은 다른 생물체와 확연히 다르다. 커다란 집단을 효율적으로 운영하는 개미와 꿀벌은 가족 공동체로서 같은 어머니에게서 태어난 형제, 자매다. 그러므로 목숨을 걸고 집단을 위해 열심히 일하는 것은 자신을 위하는 일이기도 하다. 자기와 피를 나눈 형제, 자매와 협력하고 그들을 돕는 것은 자신의 유전자를 다음 세대에 퍼뜨리는 일이기 때문이다.

인간은 집단을 이뤄 살아가는 생명체 중에 피 한 방울 안 섞인 남과 협력할 수 있는 동물이다. 미국의 수학자이자 생물학자인 마틴 노바크Martin Nowak는 만약 4백 마리 원숭이가 비행기를 타고 이코노미석에 앉아 7시간 동안 가야 한다면, 몇 분 지나지 않아 좁은 공간에 갇힌 이 원숭이들이 맹렬히 싸웠을 것이라고 말한다. 하지만 인간은 비행기라는 밀폐된 공간에서 전혀 모르는 사람들과 함께 조용히 있을 수 있다. 이렇게 안전하게 목적지에 도착하기 위해 질서를 지키는 것은 인간에게는 당연한 일이며, 이는 곧 인간 집단이 다른 동물과 구별되는 협력 능력을 지녔음을 알려준다. 따라서 그는 인간을 '초협력자supercooperator'라고 불러야 한다고 말했다.

인간의 심리와 행동이 집단 의존적이며 집단에 조종되는 현상

자체를 놓고 좋다 나쁘다고 말하기 어렵다. 새로운 기술이 그렇듯이 팀워크라는 장치도 우리가 어느 만큼 이해하고 어떻게 현명하게 쓰는지에 따라 결과물이 달라지기 때문이다. 개인의 정신질환을 진단하고 치료하는 정신과처럼 집단의 현명함과 행복을 도모해줄 수 있는 집단심리학 분야가 더 발달해 많은 집단에게 도움이 되길 바란다.

후주

1 Hinsz, V. (2015). "Teams as technology: strengths, weaknesses, and trade-offs in cognitive task performance". *Team Performance Management*, 21(5/6), 218-230.

2 Yong, J., Park, G., & Spitzmuller, M. (2021). "From the savannah to the corporate office: the evolution of teams". *Small Group Research*, 52(1), 33-67.

3 Moreland, R. L., Argote, L., & Krishman, R.(1998). "Training people to work in groups". In R. S. Tindale, J. E. Edwards, L. Heath, E. J. Posavac, F. B. Bryant, E. Henderson-King, J. E. Edwards, Y. Suarez-Balcazar, & J. Myers (Eds.), *Social psychological applications to social issues: Applications of theory and research on groups* (pp. 37 – 60). Plenum Press.

4 Scharf, C. (2021). *The Ascent of Information: Books, Bits, Genes, Machines, and Life's Unending Algorithm*, New York, NY: Riverhead Books.

5 Dennett, D. C. (2017). *From Bacteria to Bach and Back: The Evolution of Minds*, New York, NY: W. W. Norton & Company. (《박테리아에서 바흐까지, 그리고 다시 박테리아로 무생물에서 마음의 출현까지》, 대니얼 데닛 지음, 신광복 옮김, 바다출판사, 2022)

6 Xiao, N. G., Quinn, P. C., Liu, S., Ge, L., Pascalis, O., & Lee, K.(2018). "Older but not younger infants associate own-race faces with happy music and other-race faces with sad music". *Developmental Science*, 21(2), e12537.

7 Doyle, A. B., & Aboud, F. E. (1995). "A longitudinal study of white children's racial prejudice as a social-cognitive development". *Merrill-Palmer Quarterly* (1982-), 209-228.

8 Tajfel, 1970; Billig & Tajfel, 1973; Tajfel & Turner, 1982 [social identity theory] Billig, M., & Tajfel, H. (1973). "Social categorization and similarity in intergroup behaviour". *European journal of social psychology*, 3(1), 27-52.

Tajfel, H. (1970). "Experiments in intergroup discrimination". *Scientific American*, 223(5), 96-103.

Tajfel, H., & Turner, J. C. (1982). "Social psychology of intergroup relations". *Annual review of psychology*, 33(1), 1-39.

9 Haidt, J., Koller, S. H., & Dias, M. G. (1993). "Affect, culture, and morality, or is it wrong to eat your dog?". *Journal of personality and social psychology*, 65(4), 613-628.

10 Spitzmuller, M., & Park, G. (2018). "Terrorist teams as loosely coupled systems". *American Psychologist*, 73(4), 491-503

11 Jacobs, R. C., & Campbell, D. T. (1961). "The perpetuation of an arbitrary tradition through several generations of a laboratory microculture". *The Journal of Abnormal and Social Psychology*, 62(3), 649-658.

12 Baron, R. S., Vandello, J. A., & Brunsman, B. (1996). "The forgotten variable in conformity research: Impact of task importance on social influence". *Journal of Personality and Social Psychology*, 71(5), 915-

927.

13 Cialdini, R. B., Demaine, L. J., Sagarin, B. J., Barrett, D. W., Rhoads, K., & Winter, P. L. (2006). "Managing social norms for persuasive impact". *Social Influence*, 1(1), 3-15.

14 Moscovici, S., & Personnaz, B. (1980). "Studies in social influence: V. Minority influence and conversion behavior in a perceptual task". *Journal of Experimental Social Psychology*, 16(3), 270-282.

15 Park, G., & DeShon, R. P. (2010). "A multilevel model of minority opinion expression and team decision-making effectiveness". *Journal of Applied Psychology*, 95(5), 824-833.

16 McLeod, P. L., Baron, R. S., Marti, M. W., & Yoon, K. (1997). "The eyes have it: Minority influence in face-to-face and computer-mediated group discussion". *Journal of Applied Psychology*, 82(5), 706-718.

17 Gruenfeld, D. H. (1995). "Status, ideology, and integrative complexity on the US Supreme Court: Rethinking the politics of political decision making". *Journal of Personality and Social Psychology*, 68(1), 5-20.

18 Rudert, S. C., Keller, M. D., Hales, A. H., Walker, M., & Greifeneder, R. (2020). "Who gets ostracized? A personality perspective on risk and protective factors of ostracism". *Journal of Personality and Social Psychology*, 118(6), 1247-1268.

19 Johnson, K. V. A., Watson, K. K., Dunbar, R. I., & Burnet, P. W. (2022). "Sociability in a non-captive macaque population is associated with beneficial gut bacteria". *Frontiers in Microbiology*, 13, 1032495.

20 Sunstein, C. R., & Hastie, R. (2015). *Wiser: Getting Beyond*

Groupthink to Make Groups Smarter, Boston: MA, Harvard Business Press. (《와이저: 똑똑한 조직은 어떻게 움직이는가》, 캐스 선스타인 리드 헤이스티 지음, 이시은 옮김, 위즈덤하우스, 2015)

21 Salganik, M. J., Dodds, P. S., & Watts, D. J. (2006). "Experimental study of inequality and unpredictability in an artificial cultural market". *Science*, 311(5762), 854-856.

22 Stasser, G. (1999). "The uncertain role of unshared information in collective choice". In J.L.L. Thompson, & D. Messick (Eds.). *Shared knowledge in organizations* (pp. 49 – 70). Hillsdale, NJ: Erlbaum.

23 Woolley, A. W., Chabris, C. F., Pentland, A., Hashmi, N., & Malone, T. W. (2010). "Evidence for a collective intelligence factor in the performance of human groups". *Science*,330(6004), 686-688.

24 Pillay, N., Park, G., Kim, Y. K., & Lee, S. (2020). "Thanks for your ideas: Gratitude and team creativity". *Organizational behavior and human decision processes*, 156, 69-81.

25 Kahneman, D., Sibony, O., & Sunstein, C. R. (2021). *Noise: a flaw in human judgment*, London, Hachette UK. (《노이즈: 생각의 잡음》, 대니얼 카너먼, 올리비에 시보니, 캐스 선스타인 지음, 장진영 옮김, 안서원 감수, 김영사, 2022)

26 Schmidt, F. L., & Hunter, J. E. (1998). "The validity and utility of selection methods in personnel psychology: Practical and theoretical implications of 85 years of research findings". *Psychological bulletin*, 124(2), 262-274.

27 Fein, S., & Spencer, S. J. (1997). "Prejudice as self-image maintenance: Affirming the self through derogating others". *Journal of personality and Social Psychology*, 73(1), 31.

28 Mahajan, N., Martinez, M. A., Gutierrez, N. L., Diesendruck, G.,

Banaji, M. R., & Santos, L. R. (2011). "The evolution of intergroup bias: perceptions and attitudes in rhesus macaques" *Journal of personality and social psychology*,100(3), 387.

29 Mummendey, A., Simon, B., Dietze, C., Grünert, M., Haeger, G., Kessler, S., & Schäferhoff, S. (1992). "Categorization is not enough: Intergroup discrimination in negative outcome allocation". *Journal of Experimental social psychology*, 28(2), 125-144.

30 Van Lange, P. A., De Bruin, E., Otten, W., & Joireman, J. A. (1997). "Development of prosocial, individualistic, and competitive orientations: theory and preliminary evidence". *Journal of personality and social psychology*, 73(4), 733-746.

31 Axelrod, R. (1984). *The evolution of Cooperation*. New York: Basic Books.

32 Wildschut, T., Pinter, B., Vevea, J. L., Insko, C. A., & Schopler, J. (2003). "Beyond the group mind: a quantitative review of the interindividual-intergroup discontinuity effect". *Psychological bulletin*, 129(5), 698.

33 Suedfeld, P., & Tetlock, P. (1977). "Integrative complexity of communications in international crises". *Journal of conflict resolution*, 21(1), 169-184.

34 Park, G., & DeShon, R. P. (2018). "Effects of group-discussion integrative complexity on intergroup relations in a social dilemma". *Organizational Behavior and Human Decision Processes*, 146, 62-75.

집단의 힘

첫판 1쇄 펴낸날 2023년 11월 30일
2쇄 펴낸날 2024년 1월 17일

지은이 박귀현
발행인 김혜경
편집인 김수진
책임편집 조한나
편집기획 김교석 유승연 문해림 김유진 곽세라 전하연 박혜인 조정현
디자인 한승연 성윤정
경영지원국 안정숙
마케팅 문창운 백윤진 박희원
회계 임옥희 양여진 김주연

펴낸곳 (주)도서출판 푸른숲
출판등록 2003년 12월 17일 제2003-000032호
주소 서울특별시 마포구 토정로 35-1 2층, 우편번호 04083
전화 02)6392-7871, 2(마케팅부), 02)6392-7873(편집부)
팩스 02)6392-7875
홈페이지 www.prunsoop.co.kr
페이스북 www.facebook.com/simsimpress 인스타그램 @simsimbooks

ISBN 979-5675-445-9(03180)

심심은 (주)도서출판 푸른숲의 인문 · 심리 브랜드입니다.

이 도서는 한국출판문화산업진흥원의 '2023년 우수출판콘텐츠 제작 지원' 사업 선정작입니다.